筑波大学助教・メディアアーティスト
落合陽一
Yoichi Ochiai

超AI時代の生存戦略

〈2040年代〉
シンギュラリティに備える34のリスト

大和書房

シンギュラリティ
Singularity

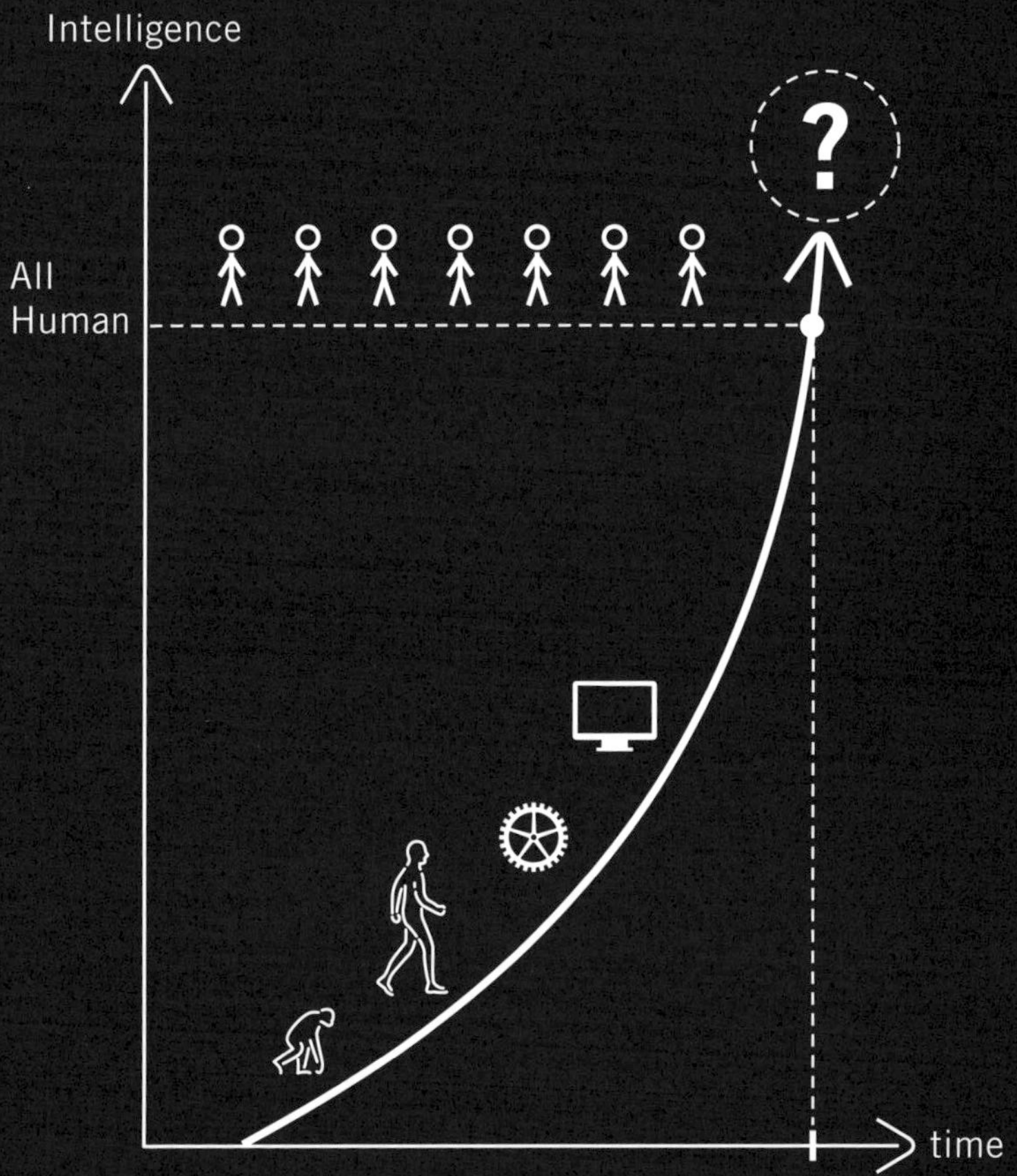

本書を読む前に

本書は、計算機技術の発展による「超ＡＩ時代」を生き抜いていくために、時代性を読み解き、必要なスキルやマインドセットなどについて解説したものである。

「プロローグ」は、２０１６年と２０１７年に「FUZE」（フューズ）というオンラインメディアに寄稿したものを大幅に加筆の上、現在の社会情勢に照らし合わせながら再構成した文章になっている。

今後、数年にわたるパラダイムについて大枠を提示したつもりだ。

「第1章」は、本書でメインに挙げるワークライフバランスからワークアズライフへの転換と、それに関わるマインドセットの変換点について述べた。

従来型の労働観や人間観をアップデートすることにより、生活方式が超ＡＩ時代に即したものになるように要素々々を丁寧に記述したつもりだ。

「第2章」および「第3章」は、ワークアズライフを実現させる上で生活や仕事に関わる様々な議題、労働・会議・コミュニケーション・受験などのトピックについて、インタビューの文字起こしをベースにして執筆した。

平易で読みやすい形に仕上がっていると思う。前半の2パートを読み解く上での具体例として読んでほしい。

最後の「エピローグ」は、同じく「FUZE」に寄稿したものを加筆の上、本書を終えるための結びとした。

ここでは、これからの社会の展望と人間性の更新について述べた。現在の技術革新を俯《ふ》瞰《かん》したものになっている。

本書が想定している読者は、現在の情報社会について大まかな知識を手に入れたい人、情報に関わる分野で働いている人などである。

この本の刊行に寄せて、まずは筆者である僕を叱咤激励し、刊行まで導いてくださった編集者の種岡健さん、そして、「FUZE」の担当編集者である斎藤真琴さんに感謝の意を述べたい。

本書は一般向け書籍の体裁をとってはいるものの、近年起こった変化や論考についての概説にもなっている。ぜひ、ご一読いただければ幸いだ。

2017年2月末日　落合陽一

第1章

超AI時代の「生き方」

——ワークライフバランスを終えて、ワーク〝アズ〟ライフを始める

第2章 超AI時代の「働き方」
――スペシャリストでありつつ、知識にフックをかけていく

第3章 超AI時代の「生活習慣」
――人間特有の「身体性」から生活スタイルを考える

プロローグ――インターネットの身体化から、シンギュラリティ前夜へ

スマートフォンが生んだ「映像の時代の更新」

iPhoneが発表されて２０１７年の1月9日で10年になった。21世紀初頭の10年間で生活をもっとも大きく変えたもの、それはスマートフォンだったと思う。

スマートフォンはおそらく21世紀でもっとも人の生活を高速に、そしてダイナミックに変えた装置でありインフラだった。それ以前のタッチパネル型ＰＤＡ(Palm や VAIO type U)などが成しえなかったことを、「スマートフォンという象徴的ハードウェア」と、それを成り立たせる「ソフトウェア流通プラットフォーム(App Store や Google Play など)」および「通信インフラ(３Ｇや４Ｇの高速回線や Wi-Fi)」の組み合わせは、異次元の速さで世界を書き換えた。

ＰＤＡによく似た装置はＰＤＡではなく、スマートフォンとして認識され、生活

の新たな必需品としてあげられるようになった。たった10年でヒト・モノ・カネ・環境・哲学・美意識に至るまで劇的に世界のすべてを作り変えたのだ。

スマートフォンの普及による結果、**人はインターネット上に第二の言論・視聴覚空間を作り、住所を持ち、SNSを生み、社会を形作った。言うなれば人はデジタル空間にもう一度生まれた。**今、常時回線に接続された人々は、この世界を旅し、この星を覆《おお》い尽くそうとしている。その結果、ありとあらゆる景色や言語が今インターネットの上に集まりつつある。

そういったIoT（Internet of Things）による技術革新は私たちの生活習慣と文化を不可逆なほどに変えてしまった。誰とでも連絡がつき、待ち合わせ場所と時間を厳格に決めずとも人に会うことができ、道に迷うことがなくなり、どこでも時間を潰《つぶ》すためのコンテンツを入手できるようになった。日々、消費できないほどのコンテンツがインターネットの向こうに蓄積されている。

見ているもの、聴いているもの、考えたこと、その日の景色から今いる場所、購入した商品に至るまで、人の様子は瞬時に共有できるようになった。この地上で、誰もが発信者であり表現者となった。ヒトが次なる目線、デジタルヒューマンとしての視座を手に入れるのに必要だったものは、明らかにインターネットとオーディオビジュアルで接続できる第二の目と耳であった。

それは前世紀の映像システム——目と耳の体験を電波に乗せて大衆発信する装置になぞらえるなら、「集団への体験共有」から「個人の能力拡張」への大きな舵《かじ》きりの一つである。映像の世紀は、コンピュータという、コードで記述された魔術的ブラックボックスによって、そして個人の手の中に握ることのできるサイズで拡張された。そのダイナミックな変化がわずか10年でなされたのだ。

このダイナミックな変化は、**「魔法」という一つの言葉で両義的に定義できる**と思う。映像の時代に不可能だった物理的な干渉を起こし、容易に使え、精緻《せいち》な結果をもたらす。それによる恩恵はまるで奇跡のように鮮やかであること。そして、その変化の速度はあまりに速く、その制御機構はあまりに難解なため、そこにある仕組みを理解するには難しく、一部の修練された人間にしか理解できないということ。日常にもたらされる奇跡とブラックボックス化の断絶が今後ますます、様々な社会変化をもたらすだろう。本書では、そこに着目していきたい。

オーディオビジュアル
Audio Visual

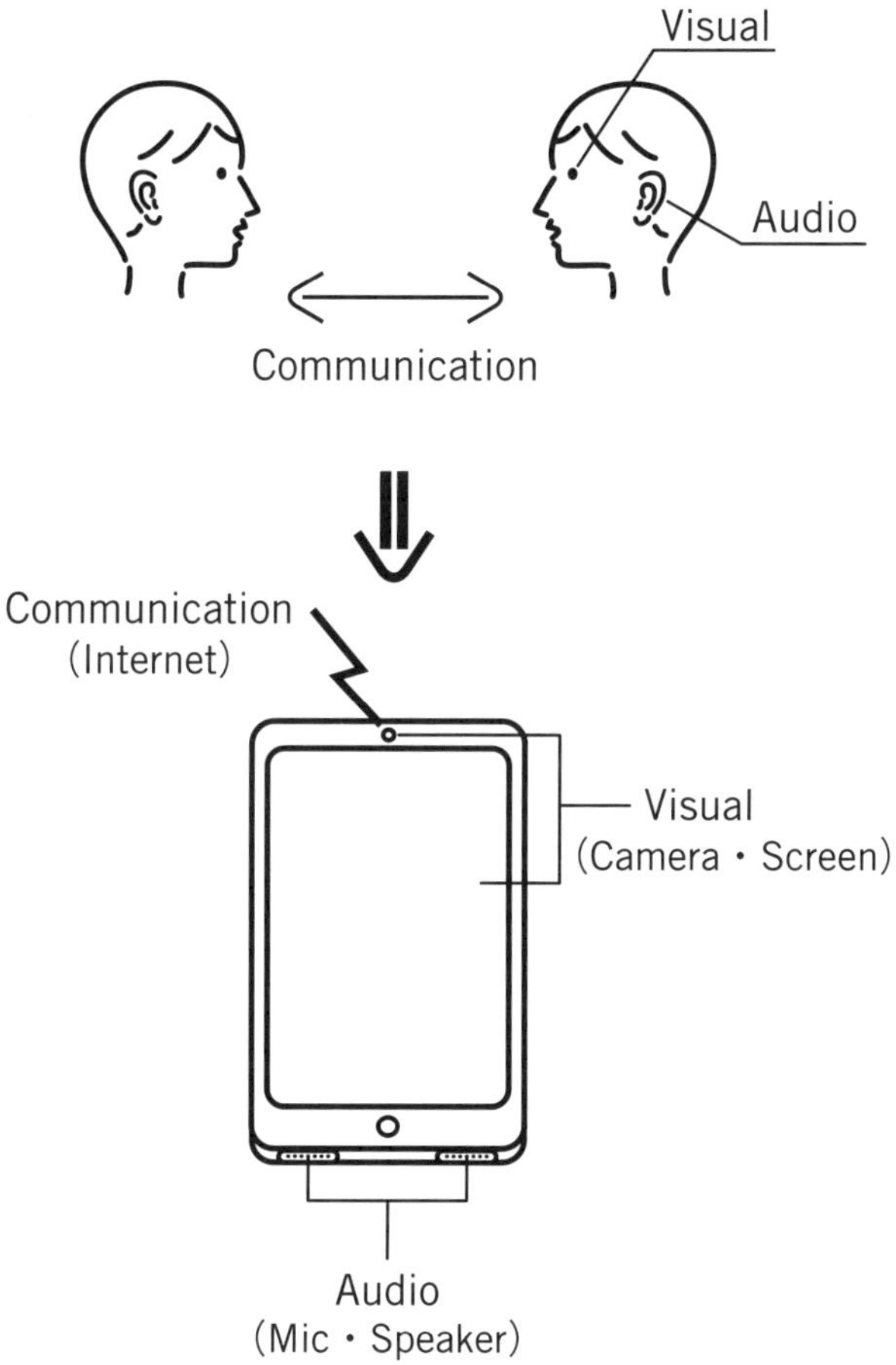

「楽観的シンギュラリティ」と「テクノフォビア」

21世紀になってからの15年間は、言うなれば楽観的シンギュラリティの期間だった。計算機技術の進展によって人間の知的処理能力に匹敵する知的機能がインターネット接続されたコンピュータの側に備わりつつあり、その精度と適応範囲は日進月歩だ。コミュニケーション、ロボティクス、ファブリケーション、バイオ、オーディオビジュアルとヴァーチャルリアリティへの展開によって、日々の生活のあらゆる物質的表層（マテリアルプレゼンス）や実質的表層（ヴァーチャルプレゼンス）がインターネット接続されたコンピュータとの境界面になった。個別の身体性でしか世界と認識できない私たちに対し、コンピュータの側は全体的な振る舞いを常に見せる。

この数十年間、私たちは世間を賑わす技術発展のニュースに関して、個々の技術的進歩に限定すれば、比較的、好意的だったと言えるだろう。個々の技術発展が人間の能力を超えていき、効率化・自動化・無人化を好意的に受け入れた。**この「個**

別の産業で起こるシンギュラリティ」という点については、好意的に受け取った15年だったのだ。ワンクリックでお急ぎ便が届き、いつでもどこでもUber（ウーバー）が呼べて、iTunesでは手のひらの上で音楽が買えるようになった。

そういった既存の職業人が習得した技術や人を基盤とした商業活動の在り方をコンピュータのもたらす技術革新が超えていくことによって、人々はコスト削減と多様な生活スタイルがもたらされうることを想像し、希望に胸を躍らせた。誰もが海外旅行に行って言葉が通じ、好きな国の人とSNSで繋がって対話することができ、写真や絵を描く際もアプリのサポートが得られる。自動翻訳技術によって、言語の壁が崩れていき、表現も民主化していく。

そこに夢見られるのは平等に豊かで多様な生活だ。人が専門的修練の上に知的技術を習得し、その恩恵として独占的に担っていたタスクが、計算機技術とインターネットのもたらす技術的な民主化によって「解放」されていくこと——。持てなかったことが努力を使わずに手に入ることを、多くの専門的修練を持たない人々は歓迎してきたのだ。翻訳者に頼らずとも精度の高い翻訳がされうることを歓迎し、誰かに絵を描いてもらわずとも描画や写真アプリによるコンテンツ作りのしやすさを歓迎した。

しかし、このような技術的発展からは不安が生まれる。

次は自分の番なのではないか？

自分の専門的修練が、コモディティをもたらすインターネットに接続された機械によって飲み込まれていくのではないか？

自分が「特権的に得てきた何か」も「民主化」されてしまうのではないか？

その誰もが持ちうる漠然とした不安感。2010年くらいからの数年間、識者たちはそれを煽《あお》ってきた。明文化することのできない不安から、明文化し不安のみを抽出することによって、そして、その技術革新による明るい展望を明文化しないことによって、メディアは不安を扇動的に切り出してきた。締めの言葉は必ずこれだ。

――「人は人間にしかできない、クリエイティブなことをして過ごせばいい、幸せを考えよう」。

「クリエイティブに生きる」という妄想

これにはいささか問題を感じている。結局のところ、バズを狙ったニュースでの識者の人工知能（ＡＩ）についての記述の多くは恐怖を煽るのが目的だ。不安を用いて衆目を集めページビュー（ＰＶ）を稼ぐような台詞回しが多く、結論はクリエイティブという掴みどころのないものを表題にしてやり過ごす。これは変化を嫌うテクノフォビア（テクノロジー恐怖症）を時にあやし、時に恐怖に陥れることで得られる、建設的でない衆目の集め方――古典的には「呪《まじな》い師」の役割を多くの専門家やメディアが担ってきたのだ。

２０１６年にイ・セドルを囲碁で打ち破ったのは、実は機械ではない。囲碁の専門家ではないが、コンピュータ親和性の高いエンジニアリングの専門家と、人類がインターネット上に蓄積した集合知によるコンピュータプログラムが打ち破ったのだ。**人工知能の発展によって、２０４０年代に職がなくなるという漠然とした展望に何の価値があっただろうか？** その多くは前世紀の終末論に似ていた。

テクノフォビアの誤解
Misunderstanding of Technophobia

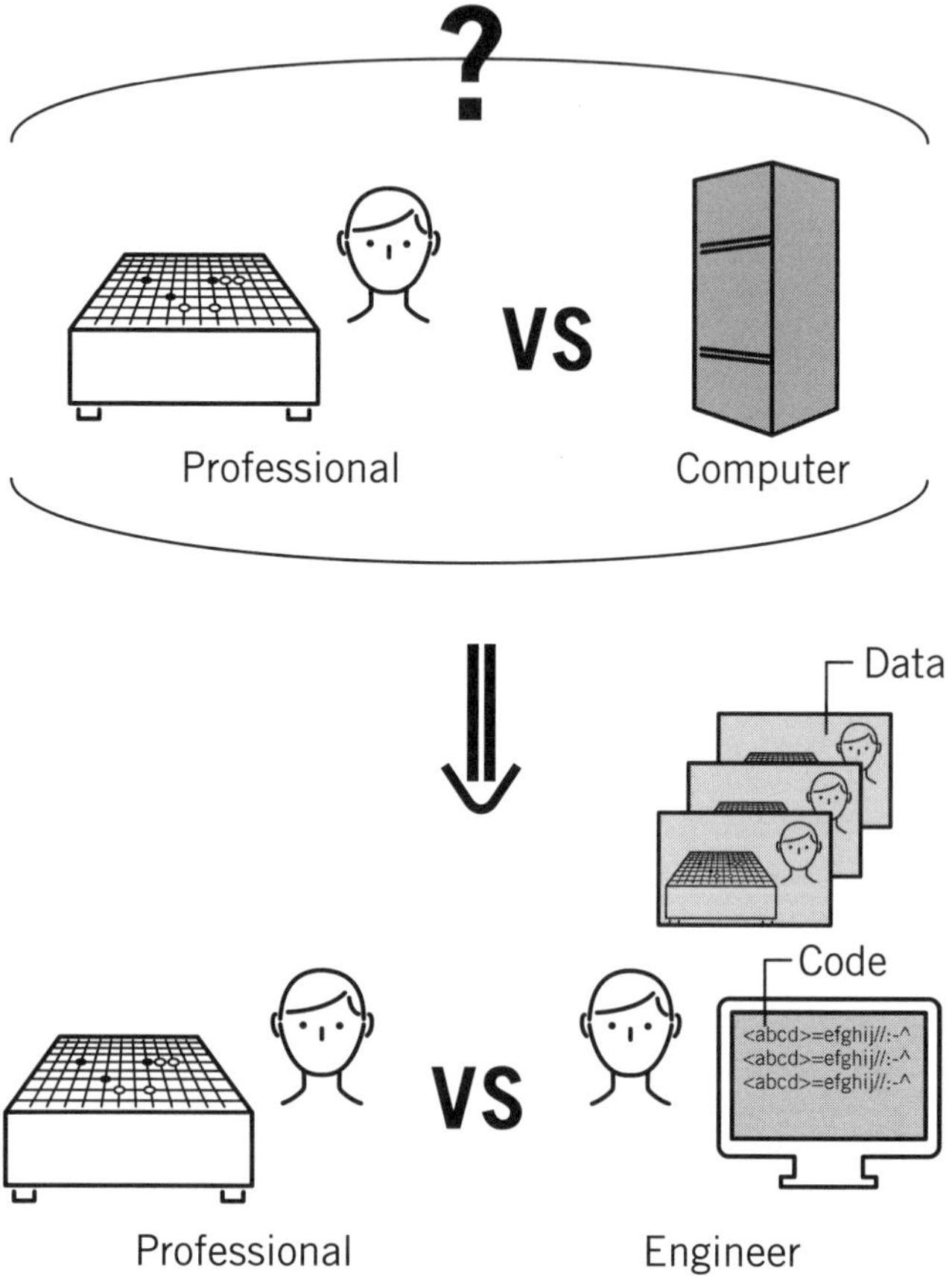

そして人々は共通の疑問を持つようになった。

将来、人工知能に職が奪われたら人間はどうやって暮らしていったらいいですか？

ベーシックインカムが導入されて働かなくてよくなるから好きなことをして暮らせばいいんですか？

こういった質問を講演するたびに受けた。これに対して、僕は次のように述べてきた。

『スマートフォンが生まれ、私たちは全体としてどんな新しい金脈を掘り当てただろうか考えてみてほしい。ことローカルの問題、私たち日本について考えれば答えは芳《かんば》しくない。インターネットは新たな産業を多数生み出したが、その多くは情報化と脱物質化、機械化によるコストカットであり、特殊技能や特権価値の民主化であった。それによって産業の一部は衰退し、一部は大きくなった。しかし、日本について考えれば、世界を制するようなソフトウェアプラットフォームを持っていない。これはつまり、一方的に私たちの国の持つ特権は他国に対して「民主化」されてしまう。

今、スマートフォンは、インターネット上に帝国を完成させ、私たちの上にのしかかる新たな帝国支配は、アプリストアの売り上げの3割を税収前に奪い、リンゴの形をした帝国と緑色のロボットによって守られた帝国へと差し出す。この割合は初期の東インド会社による英国のそれを思わせる上納金だ。先の大統領選挙でアメリカは赤と青に選挙結果が二分された。私たちがアメリカ大統領選で見た二色のアメリカは、有価証券とＩＴの帝国支配によってもたらされる「青いアメリカ（ヒラリー支持）」と、ローカルな「赤いアメリカ（トランプ支持）」の対比でもあった』

『では、この世界のどこにベーシックインカムで暮らせるローカルが存在するか。それは青いアメリカにある。人間が人間にしかできないこと——クリエイティブな活動をすることで余暇を潰すことで生きていくような世界は、そしてそれを可能にするほどの富が集まる場所は、そこにしかないだろう。他のローカルでは機械の歯車として人間も働き続けるのだ。富を生み出すために、インターネットの端末に混ざって生きていかなければならない。

その上で、持たざるローカルに所属する人々が２０４０年代の世界をぼんやり想像しながら過ごす余裕があるだろうか？　少なくとも日本ローカルに暮らす私たちにはないはずだ。機械との親和性を高めコストとして排除されないようにうまく働くか、機械を使いこなした上で他の人間から職を奪うしかないのだ。この構図は機械対人間ではなく、「人間」と「機械親和性の高い人間」との戦いに他ならないのだから。チェスでも、馬車対自動車でも、科学医療と呪い医療でも、そういった対立構図は起こる。それに対して人は順応してきただけなのだ』

『ここには、「クリエイティブなことをして過ごす」というあやふやな結論は存在しない。計算機親和性を上げて他の人間よりも多くを成すことしかできることはない。それは、機械を使う側になるか、機械に組み込まれる側になるかの問題であり、機械に対抗する側はニッチなエンターテインメントかニッチな商品にしかなりえない（しかし、インターネットによって販路とコミュニケーションコストが下がった今、たとえばアナログ回線の音楽やローカルコミュニティ産の工業品まで、その価値もある一定は存在する）。今のような機械が人と同様に自律的に社会に参画する時代より前に考えなければならないのは、人対人の終わらない争いだと思う』

「思考フレーム」の必要性

明後日のことを考える前に明日のことを、そして今日のことを、願わくはそれが地続きであるように今を起点として、見通せることを考えていかなければならない。機械の管理によって人が働かなくてもすむような明るいディストピアは願ってもやってこない。むしろ今より悪くなった日常が続くだけだ。

この機会に、様々な事象を整理し、受け取れるようにしておくことは、多くの人々にとって、自らの哲学的、そして情報科学的時流に対する立脚点を持つことにつながるだろう。今のように全員に通用する理念、言うなれば、**共同幻想を脱した時代には個人一人一人のビジョンが重要であり、「整理」や「フレーム」「パラダイム」という名の信じるもののプラットフォーム化が、前時代のビジョンという名のコンテンツと同様に重要になっていくだろう。**

本書では、そういったフレームを提示することに注力したい。それはただネットの中に流れていくバズニュースを読み飛ばすのではなく、流速の速い今だからこそ、それらを収納するフレーム自体を提供することはできないだろうかと考えた。読むのに思考体力を必要とするかもしれない、しかし、脳へのフレームのインストールにはその努力が欠かせない。

先に述べたように、「ＡＩはＡＩとしての仕事を、人間は人間らしいクリエイティブな仕事をすればいい」という論調が僕は嫌いだ。

この論調は思考停止に過ぎず、クリエイティブという言葉であやふやに誤魔化すことで、行動の指針をぼやかす。つまり、この論調で語る人は、要するに「何をしたらいいかわからない」、というこ

個人のビジョン
Personal Vision

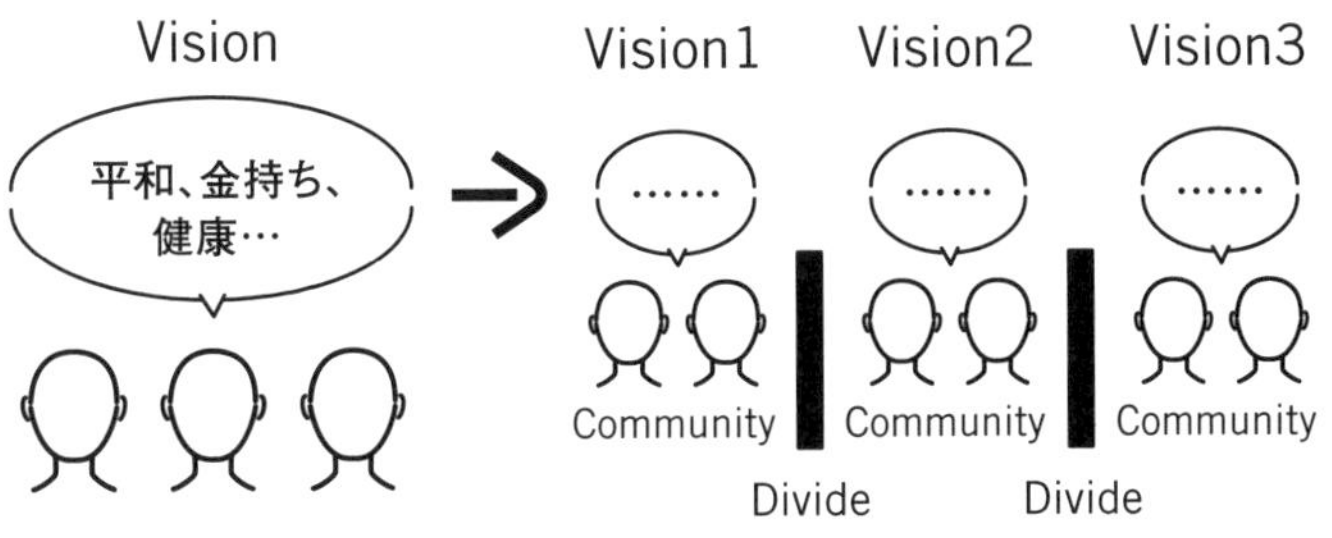

とであって、これは多くの企業担当者も同様の発言をしやすい。

ここでいうクリエイティブという言葉が絵を描くこと、言語を綴《つづ》ることだとしたら、すでにディープラーニングを含む、多くの機械学習手法は様々な絵画技法の生成に寄与している。また企画書を作るようなことだったら、企画のサンプル数が十分にあれば、これもまた近い将来に実現することができるだろう。官公庁の発行する計画のほとんどはバズワードと時流の確認だ。機械はバズワードの組み合わせを作ることやトレンドを分析することに関しては非常に優れている。

この構図はコンピュータ親和性の高い専門家の能力がさらにクリエイティブになったということができる。つまり、コンピュータ親和性の低いクリエイターの持っているクリエイティビティよりも、コンピュータ親和性の高い人間のもたらすクリエイティビティが大きく成長しているのが現代であり、先ほどの論調を言い換えるなら、**AIで自動化できる仕事をその地位に就いている人間から奪い、そこでできた余剰の資本を人機一体によりさらにクリエイティブを加速させ、他のコンピュータ親和性の高い専門家に注入して、より大きな問題を解決していこうとしている。**

それらのクリエイティブな職種はかつてクリエイティブクラスと呼ばれた社会地位であったが、その地位も、コンピュータのもたらす社会と人間性の変化によってだいぶ変わってきた。

コンピュータ時代の「思考法」とは

本書は、そういった漠然とした論調に一つ一つ丁寧に思考し、その思考過程を返していくような本だ。日常の思考に関して、コンピュータ時代の思考ではどうなるのかを熟考してみたのである。そしてインタビュー形式で受けた答えを綴っている。

そのような行為に意味はあるのだろうか。今、この世界の行く先にはいくつもの仮説があり、その事例の検証活動はこの世界のあらゆるところで盛んだ。たとえば、アンソニー・ダンはそれをスペキュラティブデザインという形で起こりうるべき未来の形は何か、望ましい未来の形は何かという問いをデザイン的な作品を通じて社会に問うたりしている。他にもグーグルX（グーグルの研究開発機関）のアストロ・テラーは、「可能かもしれない未来の形に様々な問いを投げかけるという作業に集中する」という言い方で、その開発スタイルを述べている。

僕が筑波大学で主催するデジタルネイチャー研究室も、そういった、未来の姿をイメージし、実装し、それに問いかけるということを繰り返すことで、考え方を作り続けている。僕がアーティストや起業家や研究者をしているのも、イマジネーションを実装するためのいくつかの姿にすぎない。

そういう思考の過程でいくつもの問いが生まれてくる。たとえば、会議とはどうあるべきか、働き方はどう見直されるべきか、人の過ごし方はどうやって変わっていくのか、それらのベースの考え方をどう変えるべきか。

この本ではそういった当たり前の疑問について、実際にそれをサポートするシステムを設計する僕らがディスカッションしてきた内容や、日々議題に上る内容を中心としてまとめたものだ。補足リンクや引用等については、下記のURLに掲載しているので、そちらを参照いただきたい（http://www.daiwashobo.co.jp/news/n18335.html）。

第 1 章

超AI時代の「生き方」

ワークライフバランスを終えて、ワーク〝アズ〟ライフを始める

ワークライフバランス

これからは、「ワーク〝アズ〟ライフ」を見つけられたものが生き残る時代だ

本章で扱うのは、古くから言われているワークライフバランス（＝仕事と生活のバランス）をテーマにしたものだ。今の社会に即すと、僕はこの言葉にとても違和感をおぼえる。いつでもどこでも情報と繋がり、それゆえにいつでも仕事とプライベートが混在するような世界になった今、ワークがライフでない時点で、言葉が実生活と矛盾しているのではないかと感じるわけだ。単なる労働というものがインターネット以後、時空間を超えてコピーされるようになった今、個人のキャラクターが生活スタイルに根差した労働メソッドが求められている。

ワークライフバランスは一生をいくつかのサブセットに分けて考えることが可能である

ということを許容した言葉であり、常時接続性の高い現代には親和性が低い。人がどうやって「労働」とそれ以外という概念から解放されるべきかは21世紀の大きな課題である。そこには労働と賃金、商品、対価という枠組みも古いのかもしれない。

そこで、なるべくライフとしてのワークにする。つまり、余暇のようにストレスレスな環境で働けるように環境を整えていくということが重要である。

その分私たちは21世紀になり、24時間、誰とでもコミュニケーションを取れるようになった。そのおかげで、時差的なものが取っ払われてしまい、昔は寝ている時間は働かなかったし、地球の裏側の人と仕事をすることもなかったわけだが、今なら何時でも働くことが可能だ。地球のどこかは必ず昼であるから、1日中働こうと思えば働ける。また、1日中仕事をしていたとしても、同時に1日中、何らかの人生を生きているわけで、それはワークでありライフでもあるわけだ。つまり、それを切り分けられない生活とそれを許容しなければならない環境に移ってきたということだ。

今の社会において、雇用され、労働し、対価をもらうというスタイルから、好きなことで価値を生み出すスタイルに転換することのほうが重要だ。それは余暇をエンタメで潰すという意味でなく、ライフにおいても戦略を定め、差別化した人生価値を用いて利潤を集めていくということである。

これまでは24時間のうち、8時間は働いて、8時間は寝て、残りをどう切り分けるかということが一つの考え方だった。しかし今、労働をするために休養で充電を行うのが主となり、その線がなくなってきてしまったので、「その切り分けのない状態で、なるべくストレスなく動くにはどうしたらいいのだろう?」ということがより重要になった。ストレスマネジメントの考え方である。

たとえば、今の時代であれば、1日4回寝てもいい。1日4回寝て、仕事、趣味、仕事、趣味、仕事、趣味で、4時間おきに仕事しても生きていける。仕事か趣味か区別できないことを1日中ずっとやってお金を稼いでいる人も増えてきた。クラウドファンディングで、レジャーと仕事の中間のような行動をして、それで対価をもらっている人も増加している。

そういった時代背景は、グローバル化とインターネット化と通信インフラの整備によって、ワークライフバランスという言葉は崩壊したことを意味している。ワークとライフの関係性は完全に「バランス」ではなくなった。これからは「ワーク〝アズ〟ライフ」、つまり差別化した人生価値を仕事と仕事以外の両方で生み出し続ける方法を見つけられたものが生き残る時代だ。

■ストレスフルとアンチストレス

そのワークアズライフとして考えるとき、バランスや均衡を求めるものはなんだろうか。「ワークとライフ」の対比で捉えるのではなく、「報酬とストレス」という捉え方のほうが今の働き方を象徴している。働く時間、休み時間という捉え方より、ストレスのかかることとかからないことのバランスのほうが重要だ。

詳しくはこれから述べていくが、要するに1日中「仕事」や「アクティビティ」に従事していても、遊びの要素を取り入れてストレスコントロールがちゃんとできていれば、そ

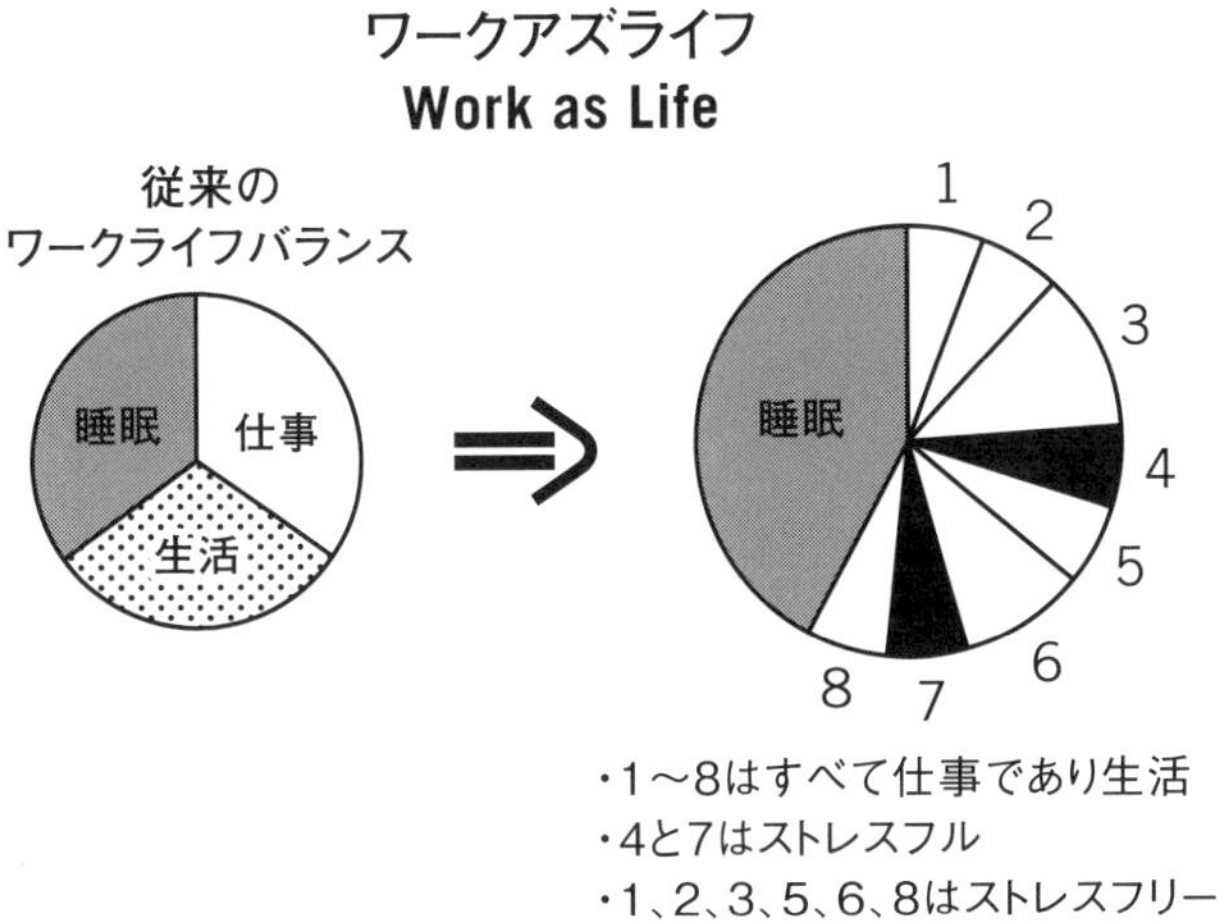

れでもいい。また、この考え方においては、ストレスのかかる私生活をすることのほうが、会社でストレスレスの長時間労働をするよりも問題であったりする。

この原則をちゃんと考えながら動いていれば、これから段階的にやってくるであろうシンギュラリティまでのグローバルインターネットの社会活動で、より最適に生きていけるのではないかと僕は考えている。

利潤や価値のある側は、どんどん便利な生活になっていく。それはこのグローバルインターネット社会の本質の一つだ。西海岸の高利益率のＩＴ企業の社員は、食堂や働き方がより快適になっていくある種のテクノロジーユートピアを実現しているし、そういうお金を生むエンジンの下で生きているわけだ。機械親和性の高い集団とそれ以外の人の格差の構図は、シンギュラリティになってもおそらく変化はないだろう。

なので、私たちは待っていても状況は変わらないし、逆に今持たないことを悲観することもない。まずできることをやっていくしかない。ワークライフバランスだけの考え方を捨てて、本章で説明する「ブルーオーシャン戦略」や「趣味性」「遊び」などで、超ＡＩ時代の労働として新しい考え方にアップデートし、ストレスと報酬の関係性について再考していくことで、ワークアズライフの世界観が見えてくるだろう。

人間性の再認識

私たちはいつからコンピュータの向こうの相手を、生身の人間か計算機上のプログラムか意識しなくなったのか

コンピュータと人のインタラクションや人工知能、IoTや自動運転などの話をしていると、絶対に出てくる言葉がある。

それが、「人間性」だ。人間ってなんなのか、人間としてどうすべきかというテーマがつきまとう。そして私たちが何を人間として定義し、どこに人らしさを感じるのか、そして人に何をしてほしいのかがキーワードになる。

人間性をどう定義するのかということは、西洋の近代化の過程で生じた大問題の一つであり、近代の人間の思考的目標の一つだ。1600年代から現代に至る中で、私たち人間が獲得したものの一つであり、それまで人間は、神に対して宗教上の末端であったし、東

洋の観点からも天と地の間に挟まれた人間性として定義されていたからだ。

その中で、人間には人間の地位があって、神の世界は神の世界があって、そこの間に別なロジックが働いていると私たちは思っていた。それゆえに、「人間が人間らしく生きる」という概念は、近代になって発達した概念だ。宗教の持つ人間定義が近代以後に求心力を持たなくなり、それによって発明せざるをえなかったのである。

そして、私たちが今、そのデカルト以後の新しいパラダイムに差し掛かっているというのは間違いない。

■「人間らしく生きる」という自己矛盾

なぜ、デカルトかといえば「人間というものの定義が、機械と心に分かれる」ということをデカルトが、「心身二元論」として展開し、それを引き継ぐ形として、たとえば、いくつかの「人間機械論」が出てきたりしている。ここで面白いのは、人の器械的性質は解剖学の発展によって明らかになっていった。それによって、体が器械と区別がつかないものであることは当時の科学も推測されたわけだ。しかし、心はブラックボックスになった。だが今、計算機科学の発展により、人はブラックボックスの解析とその関数の出入力についてある程度の成果を得ようとしている。理解不能を人間性と定義することは今、極めて難しい。

つまり、「人間に心なんてない」「心も機械である」というような言いぐさがあるが、今、その「心の問題」に人工知能やコンピュータが触れようとしている。

「人間は本当に思考しているんだろうか？　人間が思考しているというのは、実はプロセスで書けるのではないのか？」

そういうような議論がある中で、人間性の定義というのは現在進行形で変わっており、これからも変わってくるはずだ。昨今の機械学習手法の一つディープラーニングの発展とともに人間のように思考する知性は生まれつつある。

たとえば、「心身がある」ということが人間性の定義だったとしたら、人間じゃないものも人間性を帯びてきてしまう。近代に私たちが獲得した人間性というものをアップデートしないと、人間性という残骸《ざんがい》の内側は、どこにもたどり着かなくなる。もしくは人間性そのものを諦めなければならなくなるはずだ。

私たちは、今、人間が人間らしく生きなくてはならないという自己矛盾を抱えたままユビキタス時代、およびデジタルネイチャーの時代に突入したのだ。情報のもたらす、より自由な世界と私たちの持っている常識との間、どう人間的であるべきかという規範の間にギャップが生じている。ウェブ上にやり取りされる情報は真実と虚構の区別がつかない。

たとえば、「自分はどうして、何をして、何を決定しないといけないんだろう？　自分は主体的にこの世界を生きていないんじゃないか？」と自己否定になってしまう人もありえる。そういった不安は、定義できない主体に依存している。そもそも、その「主体」というのはどこで獲得されたものなのだろうか。

先ほども述べたように、主体的であるという人間性、自ら思考するゆえに人間であるという考え方は、近代以降に獲得されたものなので、今、次の主体なき人類の時代に移ってきているとも言えるわけだ。

■コミュニティは「30人」が限界

そもそもこれまでの社会で、主体なき人間性を人間とするのか。これを容認するしか今後の人間社会で人間性を保持することは難しい。必ずしも主体が必要だったのかと言われれば、それも疑問である。そもそも世界に主体は存在していなかったのだから、現代において主体は、人類が全員で抱いていた妄想であり、集団の幻想の一つだったのかもしれない。

しかし、別にそれは善悪の問題ではないはずだ。全員が全員、平等にインターネットの端末で繋がったときに、主体じゃなく相対を意識した考え方に移ってくるだろう。もしくは、主体が得られる程度に人間の属するコミュニティが分割されるかもしれない。

というのも、一人一人が責任感を感じられるレベルは、だいたい30人くらいが限度だと言われている。ベンチャー企業やコミュニティ運営を見ているとまさしくそうで、それ以上大きくなると、責任の所在がわからなくなって、意思決定がしにくくなってくる。

そういう問題が起きないうちに、私たちはコミュニティを分割するか、あるいは、全員で相対的に生きるかという瀬戸際に立っている。この世界において、そのうち「自分らしく生きないといけない」という概念はなくなっていくはずだ。

全世界の他のすべての人と比べて「自分らしい」というのと、あるコミュニティの中で「自分らしい」というのを比べると、後者のほうはすぐに実現可能だから、人はコミュニティに逃げ込みやすい。一度枠でくくってしまえば、おのずと特徴が出てくるからだ。つまり、何者かになろうとすることが善であるような考え方に支えられた人間性を持ち続ける必要はない。

■グローバルニッチ戦略

一方で、全世界において自分らしい、オリジナルであるというのはかなり大変なことだ。グローバル社会ではなく、日本の中だけを見ていけばよかった時代であれば1億分の1の自分らしさであればよかったのが、今、全世界70億人の中で自分らしくないといけない。技術は発展するし、個性は無数に存在する。そうなると、日本ではオリジナリティが高いと考えられている文化人や著名人ですら自分らしさを保つことは難しいだろう。世界的セレブリティや実業家に誰しもがなれるわけではなく、グローバルに考えれば、たとえばみのもんた氏はいくつかのギネス記録をもち、「クイズ・ミリオネア」が世界中で放映されていたうちの日本ブランチの司会者を務めていた人、ということになる。

そう考えると、今の私たちの意識がコミュニティに分かれるのは必然だ。逆に言うと、どこかにコミュニティを作って、そこで自分らしければいいのではないかという「世界を狭める考え方」をすれば、自分らしさが定義できる。つまり、コミュニティを決めるほうが自分らしさを探すことよりも重要なのかもしれない。また、戦略的にはコミュニティを探すのではなく、コミュニティを作る発想が重要であるのは、ブルーオーシャン戦略の基本である。

また、先に述べた、「相対的な中で自分らしいことを考える」という考え方だと、重要なのは「時代性」の側に常にいることだ。時代はステークホルダー（利害関係者）と技術的世紀によって成り立つ。その時代のテクノロジー水準に、競争で勝てる人間だけが価値を提供できたという結果だ。しかしながら、個人が時代性を意識して自分らしく生きるということは、かなり高度なスキルになる。

そのような時代という観点では、世の中のグローバル経営者やトッププランナーは時代を読み続けているのであるが、「時代の中で自分らしい」ということを目指せれば、グローバルの自分らしい人間に、そうでなければ、コミュニティ選びのほうが重要になるだろう。その決断に優劣はない。

■グローバルとローカルに差はない

「井の中の蛙」ということわざがあって、日本語では悪い言葉だが、今、グローバル経済、グローバルマーケット、グローバル社会を見たときに、私たちが対峙《たいじ》しないといけないのはグローバルとローカルという軸だ。ローカルとグローバルというのは、人生をそこに置く上ではその優劣を比べるものではないものだ、と考えることが重要だ。そこに差はなく、「どちらもよい」が正解である。

だから、まずはローカルに働いて、その後でグローバルに展開する、ということを繰り返すわけだ。ローカルでキャラクター性を出して、その中から要素を抽出してグローバルに持っていって、逆に、グローバルからローカルに合わせていくという対比関係でしかないので、そのどちらかを交互にやり続けることは、21世紀的なワークアズライフを決める指標である。

たとえばアメリカのロサンジェルスで有名になったウマミバーガーが世界チェーンに展開するといったらグローバルな話だが、逆にグローバルに展開したウマミバーガーが日本にやってきて独自に展開するというのは、ローカルな話なわけだ。つまり、ローカルとグローバルでは目的と指標が違うので、ローカルであるからといって稼げないというわけじゃない。

その差分を分かった上で、私たちは自分自身のペルソナ（仮面）のかぶり方を選択していかなくてはならない。

競争心と淡々とやること

インターネットが作った生態系は、一人一人にとって生きやすいニッチなコミュニティを生み出していく

これまでの「競争」の本質は、限られた個数しかパイがなくて、それをパイよりも多い人数で奪いに行かないといけなかったから、何らかの決着をつける必要があり、競争していたわけだ。

しかし、社会構造が多様化してきて、私たちはそれぞれ違う方向に淡々とやることが重要になってきた。つまり、全員が全員、違う方向に向いていっても生産性を保つことができ、社会が成立するということだ。これは、誰かが追い抜いていくことを羨《うらや》ましく思ったり、「あいつがあれをやってしまったから、俺はもうダメだ」と、隣の芝を青く見ないマインドセットを手に入れ、ロジックで補強することにより、淡々と生産していくことがで

きるほうが問題になる。

ロジカルに言えば、競争のいいところは、選ぶ側からしたら選択コストが低く、選ばれる側からしたらモチベーションが生まれることだ。しかし、競争心を持つことのデメリットは、それをすることによって、思考的多様性が少なくなるということ、競争に敗れることでやる気が少なくなってしまう人がいること。つまり、気を抜いてしまう人が現れるわけだ。この考え方を廃していく必要がある。

今、私たちは、多様化した社会に向かって、違う方向に生存戦略を進めている。たとえば、研究でもそうだが、全員が全員、違う方向に向かってやっていることに広い視点で意味がある。音楽業界でも、ミュージシャンそれぞれが何かで1位を取っていれば、全員が違う方向を向いて全体の多様性が担保されていくわけだ。

それらは、特定の一個のパイを奪い合うのではなく、パイをどうやって広げようか、という超AI時代の人間全体の生存戦略だ。

コモディティ化と向き合い、人類の価値を拡張していく。そうした中では、先ほども述べた「淡々とやること」というのが、すごく重要になる。つまり、相対的な順位争いではなく絶対的な価値。わかりやすく言うと、「自分は自分の道を信じてやらないといけないし、他人は関係ない」ということだ。それは一見すると、当たり前のことのように聞こえるかもしれない。

今まで言われてきた、「自分は自分の道を行く」というのは、競争の上でどういうキャラクターを付けていくかという話だった。

しかし今、その意味ではまったくなく、これからやらないといけないことは、全員、違う方向に向かってやっていくことを当たり前に思うということだ。つまり、誰も他人の道について気にかけてない、そして自分も気にしていないというマインドセットだ。

今、この世界で他人と違うのは当たり前で、他人と違うことをしているから価値がある。もし、他人と競争をしているならば、それはレッドオーシャン（競争の激しい市場）にいるということだ。つまり、競争心を持つというのは、レッドオーシャンの考え方で、そうではなくて一人一人がブルーオーシャン（未開拓な市場）な考え方をしなくてはいけない。

■ブルーオーシャンを探すクセをつける

ブルーオーシャンな考え方というのは、他人と違うことをやっていくということを基本にすることだ。また、自分しかそれをやっていないけれど、それが正しいと信じることだ。つまり、ブルーオーシャン的な思考をするのは、競争心とは真逆の考え方である。

競争心を持ち、勝つことを繰り返すのがレッドオーシャンだったら、ブルーオーシャンは黙々と、淡々とやることだ。

ここで重要なのは、「競争をする」というゲームが決まると、データさえあれば機械のほうが強くなるということだ。競争をするということは同じ土俵にいる、つまり勝負するための要素が決まるから、要素が決まると機械はデータから計算可能なので機械のほうが強くなる。それはチェスや将棋の例を見ると明らかだ。

けれど、ブルーオーシャンの考え方で、何をやるかが決まっていない状況では人間は機械に十分に勝てるということだ。この戦い方を身につけるためには、競争心は非常に邪魔になってくる。

だから、これまで言われている競争心、つまりレッドオーシャンな考え方は捨てて、自分で信じた道を淡々とやっていって、その中で自己実現もしくはストレスフリーな環境をいかに実現していくかということが重要になってくる。

なので、サーベイ（調査や測量）は、これから先、ビジョンと同様に大事だ。たとえば「今、誰が何をやっているか」ということをインターネットで調べれば、だいたいすぐにわかる。今、この世界で誰が何をやっているのかを調べ続けるという作業が、絶対に必要だ。自分がやっていることに近しい分野のことは、よく知っておかなくてはいけない。

だから、「先を越されたから」とか、「先を越されそうだ」ということを考えるクセは根本からなくしていこう。サーベイをして同様の事例があれば、そこから先に自分がどういう価値を足せるのかを考えるというマインドセットでいけばいいだけだ。

自己実現と責任と戦略

インターネットに管理される生活とインターネットを管理する生活に上下関係はない

これから、人間の生活スタイルは二つのパターンに分かれると僕は考えている。まずはここまでのフレームを整理したい。

一つは、前項で説明したブルーオーシャンな考え方をテーマにコンピュータに到達不可能な価値を創出しつづけ、時代を先に進める人。もう一つは、プラットフォームに吸収されて、責任と生存戦略をコンピュータに任せる人だ。

これは上下関係に見えるけれど、そうではなく領域ごとに成立する役割分担である。あるところではブルーオーシャンにいるけど、あるところでは責任と戦略をすべてコンピュータに任せているという人がいるはずだ。家庭では主体的に物事を決めるが、仕事はクライアントワークをしているという人も多いだろう。

たとえば僕の場合は、予定管理はすべてコンピュータに任せていて、アシスタントの言うことを聞いて行動している。けれど、自分の研究をするときは、責任と戦略は自分が負っているわけだ。

そのように、ワークアズライフの時代には、責任と戦略の取り方が一人の中でモザイク状になるというか、ある一部に注力して他はプラットフォームに任せて合理化していく時代になってきている。たとえば、Uber の運転手の労働プロセスは、どうやってお客さんを拾うか、そのサービスは最終的に誰のせいになるのか、それをどうやって運用していくのかという「責任と戦略」の部分はコンピュータ、あるいは Uber のサービスに任せているわけだ。

責任と戦略をコンピュータに任せていて、それでいて、彼らはものすごく楽しそうに仕事をしている。普通のタクシーの運転手は、意外とつまらなそうに働いているが、それは、どうやってお客さんを拾うか、どういうサービスを提供するかという責任が自分にあるからだ。それを楽しめる人もいるかもしれないけれど、その戦略だと、ごく一部の人たちだけが勝ち残るだろう。

それに対して、Uber の運転手は責任と戦略を委譲《いじょう》した上で、ゲーム感覚で人を乗せていくことによって、そのゲームにされた作業をするとお金が貰えるという状態なわけだ。だから、あとはお客さんとコミュニケーションを取るということに注力ができる。責任と戦略を委譲して解放されることで、ストレスフリーなワークスタイルを手に入れるわけだ。

先に挙げた、淡々とやるブルーオーシャンのハッピーさというのは、自分が実現してきたことを振り返ったり、見返して面白かったりすることによって楽しむことができる。キャリアを含め、ワークアズライフということだ。

それはそれで楽しめるけれど、ワークアズライフの生き方は責任と戦略が自分にかかってくるので、プレッシャーがあったり自己管理が重要だったりストレスフルな面もある。逆に、ストレスフルじゃない程度のコミットメントで作業するとしたら、やっていることのインパクトがなくなってしまうかもしれない。

なので、どちらがよい悪いというわけではなく、生活スタイルのすべてがブルーオーシャン、すべてが責任・戦略を機械に任せた生活、というのみになるわけではなく、ローカルも織り交ぜながら多方面に展開されていくだろう。

つまり、生活はすべてコンピュータに任せて、仕事はブルーオーシャンのほうを攻める人や、子育ては誰とも違う子育てをするけど、仕事はコンピュータの言うことを聞いて楽しんでやる人など、コミュニティによって様々になっていくのだ。

■すべての生活スタイルが許容される

そうなってくると、これまでワークライフバランスで割り切れなかったのが、ライフの部分ではブルーオーシャンなことをしていてもよいし、ワークの部分では、責任・戦略を果たす仕事をしてもいいわけだ。そういったゲーミフィケーションの考え方は、近年注目されてきた分野だ。

昔は、戦略と責任のどちらも自分が負わなければならなかったから、よほど器用でなければ中途半端になって大変だった。しかし、これからは人それぞれに変えていっていい。たとえば、「もうすべて機械に任せて、趣味だけはブルーオーシャンで生きていく」というような、極めてアーティスティックな生き方をすることだって可能だ。そういうことが、あらゆる生活の面で、あらゆるジャンルで考えられるようになってくる。

すべての生活スタイルにおいて私たちの人間性を許容し、人間とはこうあるべきという「べき論」で語らないことが、超ＡＩ時代においては重要なことだと思う。

信仰心

「信じる」という単純なことが、個人のメンタル維持にも原動力にもなる

今の時代を生きる私たちにとって、「信仰心」は必要なのだが、ここでいう信仰というのは宗教という意味ではなく、「何が好きか？」「何によって生活が律せられるか？」「何によって価値基準を持つか？」という、「自分の価値基準は、何なんだろう？」という問いに対する個人の答えのことだ。

たとえば、文化や教育などは信仰という言葉で置き換えられる。日本が高度経済成長期以降に得た、もしくは戦後に得た信仰は、「お金を稼ぐことは正しくて、自己を実現することも正しい」という「拝金と自己実現」の信仰のことだ。

けれど、今の時代、実はそれはあまり正しくなくて変な信仰になりつつある。全員が同

じ方向に向かっているときや共同幻想を用いるとき、生産性を向上させる信仰だけれど、今の時代には足かせである。そもそも今は全員が同じ方向に向かっていない。私たちが持たないといけない信仰心は、人によって全然違う。それぞれの信仰を支持する考え方が必要だ。

だから、人によっては、「趣味に生きる」ということが信仰だったり、「子育てする」ということが信仰だったりする。文化への接続という意味でも、敬虔《けいけん》なキリスト教徒や仏教徒だったりすれば、その教義に従って平穏に暮らすことが信仰になるわけだ。

あるいは、シリコンバレーが好きな人にとっては、会社を起こして、世界を変えると思っていることが信仰なのかもしれない。科学者にとっては、科学を信仰して、それによって人類の英知が進んでいくことが信仰であるとも言えるだろう。

そういうように、何かの信仰に属することというのは、これから価値が非常に多様化していく中で、個人が道を見失い憂鬱《ゆううつ》にならないためにも、ストレスコントロールを行ってメンタルを保つためにも重要だ。行動をしていく原動力として非常に重要になってくる。

そういう時代に、私たちがどんな信仰心を今までと違って持たないといけないのだろうか。「〇〇という価値は自分にとってどういう意味があるんだろう?」や、「入ってくる情報は、自分の価値基準に照らし合わせたら、どういう意味なんだろう?」ということを全員が全員、別々に考えなければいけないわけだ。

そのときに、自分にとっての価値基準や絶対的なもの=信仰がないと、自分の指針が取れない状態になってしまう。それは、どのように価値を決定していいかが判断できないからだ。つまり、今までは生活においてヒエラルキーがあって、トップにいる人とボトムにいる人で考え方が全然違った。そういった中で、全員が発言力を持ち、集団の意見は多角的なことを全員が全員決めていくことになると、統計から指標を決定していくのも同じものしか残らず、真ん中の中間層に集約してしまう。こうなると、それはコンピュータが人の持つモチベーション自体も、シンギュラリティ以降は希薄化してしまう。

そこから脱するには、信仰を持って個人がエッジをきかせてやっていくことだ。エッジを尖らせるために必要なことや自分の価値を決めるために必要なことを自分で持つことによって、信仰を基準にし、ブルーオーシャンを歩いていくことに抵抗もなくなる。

■「機械と人間の対比」の終わり

「自己実現」という信仰も、機械化の裏返しで表れたことだ。たとえば、1700~

1800年代に、生活が次々に機械化していった。機械を人間が使うようになって、機械は指示どおりに様々なものを作れるけれど、人間はそうではないと思っているから、人には自由意志が重要で、その自由に基づいて自己実現すると私たちは思っているわけだ。

他の宗教は、教義が発明されたのがそれより昔なので、そこまで自己実現や自由意志に対する欲求を持っていない。資本主義の成立も、「カルバニズムで、仕事をすることによって、利潤を生んで、利潤を資本の再投下に繋げることが宗教的に価値があるから資本主義は生まれた」とマックス・ウェーバーは著書で述べている。要するに機械化以降に人の自由意志による機械との差異をどうやって解釈するかという世界になっていったと思う。

そういうような機械化以降に持った自己実現欲求は、インターネット以降の世界には、即さないかもしれない。共通のプラットフォームが生まれ、コミュニティが多様化していくわけだから、自己実現や自由意志はあまり今の時代に即しているとは言えない。

その中で、「では、自由意志や、自己実現以外の信仰とはなんだろう?」と考えると、自分の価値基準を自分で作って、自分で何か価値を決めて信仰していくということなので、それは意識してやっていかなくてはいけない。

趣味性

能力的に取り替え不可能な人類が存在しなくなったら、趣味ぐらいしか差が見えなくなる

「趣味性」は、生まれ持った肉体にひもづいたフェチズムのことだと僕は考えている。それは自分が拭《ぬぐ》い去れない、個性の裏返しだ。物理的なハードウェアや幼少の環境に起因している。仕事で個性を出せない人も、趣味では特筆的に個性があったりする。趣味性とは、「別に誰にも制約されていないけれど、なんとなくやってしまうこと」で、それを大切にしていないと能力による個性が消失すると自信が失われてしまう。

特にこれからの時代、合理的で画一的に人々に受容されうる利便性はすぐにプラットフォームに吸収される社会だ。合理的で画一的ではないことをしようとしたときに、最初に見つけやすいのは趣味性の中だ。

たとえば、学生に「研究をしよう」と言ったときに、最初に、「なんの研究をやりたい？」と聞くと、大抵最初は見つからないけれど、「じゃあ、趣味を研究にしていいから、趣味は何？」という聞き方をするとある程度出てくる。

そのときに好きなことが見つからない人は、趣味性がないということなのだけれど、趣味性を持っておかないと、「他人と違って何かをしたい」という原動力は出てきにくい。

■仕事になる趣味を「3つ」持て

それを理解しておかないといけないのは、コンピュータには趣味性がないからだ。コンピュータは限りなく透明になろうとする圧力がある。それとは異なり、人間は透明なところに趣味性をつけて行動していく。「色が付いた趣味というのは何か」というのを見極めておかないと、シンギュラリティ化していく合理性に吸収されてしまう。つまり、ものごとには透明性と趣味性があって、人間だけが個人の色を付けていくことができる。

そこで趣味を見つけるためには、いろいろなアプローチがあるけれど、大人になる過程で、何か1個くらいは好きだったことがあるだろう。仕事の制約や受験勉強でやめてしまったことも、大人になってからやってみると、意外と楽しかったりする。

しかも、機械が代わりに労働をするようになると、本来は可処分時間が多く生まれるはずだ。その時間を用いて、自分のオリジナリティや個性、あとフェチズムを強化していくことが、これから先、仕事として活きていくことになるだろう。ワークアズライフの世界にとって趣味性は非常に重要なものだ。

たとえば、アーティストの絵を見てもいいし、体を動かしてもいいけれど、自分が「個体として何が好きなのか」というのを考えていくことが大事で、理想的には、趣味性が高いものを仕事にして、それによってストレスフリーで多くの利潤が発生している、という状況が継続性があって望ましい。それは非合理的なモチベーションからはじまるから、機械よりもオリジナリティが高いことができる。

そういった方向に仕事を持っていくことが、超ＡＩ時代のキーワードだと思っている。65ページで「遊び」というフレーズで説明していくけれど、「遊び方」というのを重要視していく上で、「趣味性」というのがキーになっていくだろう。

「遊び」は簡単に聞こえるけれど難しい。「趣味を仕事でやれ」と言われると、仕事になる趣味は見つかりにくい。しかし、仕事になる趣味を作るということがワークアズライフの生存戦略では重要なので、「仕事になる趣味を３つくらい持ちましょう」と勧めたい。

■「ヒマなとき何する？」が大事

趣味を明言できない恥ずかしさは、「フェチズムが恥ずかしい」と言っているのと同様で、「この人、大人なのに○○が好きなのか」という目を気にすることもあるだろう。

それは、趣味性と違う職業に就いているから感じることだろう。趣味性と違う職業に就いていることは、僕はこれから先、理に適《かな》っていないことだと思っている。だから、趣味性の高い仕事に就いていると、時間も苦にならないし、ストレスも溜まりにくいので、本当は、「一番やりたいことをやるべき」という言い古された言葉に戻ってくる。

ここで、「一番やりたいことって何か？」といえば、「すべてのタスクから解放されたときに、最初にやりたいこと」だと思う。

それが、「ただアニメを見ていたい」でもいいだろう。ただアニメを見ているだけなら、「ただアニメを見ていることによって得られる衝動はなんだろう？」と深く考えていけばいい。けれど、本当に仕事のほうが趣味的だと、何もしたくないときは、本当に何もしたくないからただアニメを見ているということもある。それがどっちなのかを一度ゆっくりと意識してみるのもいいことだ。

ギャンブルと報酬

人生という名のギャンブルで「射幸心」を煽っていたものが、個々のゲームに分断されていく

2016年の話だが、「ポケモンGO」が流行ったときに、「すごくギャンブル的だな」と考えた。「パズドラ」が流行ったときもギャンブル的だと感心したし、「モンスターストライク」のときもそうだ。もちろんそれが悪い意味ではない。

どういうことかというと、「報酬がある」ということだ。つまり、レアなアイテムが来て気持ちがワーッと盛り上がって、良いのが来るか来ないか「ドキドキする」という感じのことだ。

ここで、「ドキドキする」というのと、「報酬がある」というのを組み合わせると、人は「テンションが上がる」ということが、すごく重要なことだ。要するに、「何かちょっとフ

ラストレーションが溜まる」要素と、その結果によって、良いと喜ぶし、悪いとちょっと悲しいという感覚的報酬を、マネジメントしてワークアズライフのプランを組むということが、超AI時代にはヒトのライフハックであり、それは、すべてのギャンブル的なものに含まれている。

それが最も簡単に顕著に見えるのはスマホのゲームやパチンコ、競馬などの公営ギャンブルだと思う。

しかし、ギャンブル的なものを、ギャンブルそのものに使うと、時間とお金を浪費するだけである。大した金額でなければ、そんなに悪い趣味ではないし、人間の感情を動かしているわけだから、きっとストレス解放にはなっているだろう。しかし、もっとクリエイティブに人間のこの性質をハックしたい。

■ノーベル賞もギャンブル的

ここで大事なのは、「ドキドキして報酬がある」ということを多少なりとも私たちは少しは持っているはずだということだ。たとえば、広告代理店で働いていたり、出版やテレビ業界で働いていたりすると、売上や視聴率でドキドキするという報酬があるわけだ。

「〇〇を作ってみた、ドキドキする、売れるかな、大丈夫かな」と思って、うまくいくときと悪いときがあるというのは、極めてギャンブル的な仕事活動である。

そうした仕事もあるので、ギャンブル的なことをどうやって普段の仕事に取り入れていくのかというのが一つのキーワードになっていくだろう。

僕のような研究者も、「論文が通るかな?」と、ドキドキし、通ったら嬉しいし、落ちたら悲しいというのは極めてギャンブル的な報酬があるということだ。

そして、ギャンブル的なことは、なかなか抜け出せない。一度ギャンブルにハマると、抜け出しにくい。それが、ギャンブル的な仕事になっていると、いわゆるワーカホリックが生まれるわけだが、別にそれが悪いことだと僕は思っていない。

リターンが単純に金銭なのか、画面が光るのか、音が鳴るのか。そのフレームワークの上には研究という成果が出るか出まいかのギャンブルの延長でノーベル賞を獲るということも含まれるわけだ。

一度、自分の仕事の中で、「どこがギャンブル的なのか」ということを意識してみるのを勧めたい。これはストレスと報酬関係を明記するということだ。

■テンションが上がる「すべてのロジック」

逆に、仕事でギャンブル的なことをしている人は、遊びでもギャンブルをすると、自分の仕事とどういう差があるのかを意識してみれば、「ちょっとくらいならギャンブルに時間を使ってもいい」と思える。

麻雀もカードゲームも、世の中にあるあらゆるギャンブル的なものは、それのどこに「ドキドキを感じているのか」を理解するためのツールとしては非常に便利なことだ。スポーツ観戦も、お金をかけていないだけで、ドキドキしてテンションは上がっている。サッカーだと、「入るのか、ゴール入るのか、入ったー」「ああ、だめだったー」というのを繰り返すし、それでどんどんテンションが上がって報酬系の虜《とりこ》になっていく。「ドキドキして、たまに報酬がある」。すべての仕事はこのロジックだ。これを繰り返していくとそれにどんどんハマっていく。ここに、ワークアズライフの妙がある。

ここまで読んで、「自分の仕事にはギャンブル的なものがない」という人もいるだろう。けれど、どこかに少しでもギャンブル性を持っていれば、もっと仕事にのめり込めるかもしれない。毎日、淡々と同じ業務をやっているだけであっても、ギャンブル性のあることを数パーセントくらい入れられないだろうか。たとえば、誰かに提案をするときに、少しだけヤマを張った提案を入れてみる。それがたまにうまくいくと、テンションが上がるかもしれない。

とはいえ、趣味が充実していたり、家庭生活が楽しかったりすれば、無理に仕事でテンションを上げる必要はないかもしれない。ただ、人生のどこかにはギャンブル的なものを求め、飲まれない程度に意識してみるというのは、ワークアズライフの時代には誰にとっても必要なことだ。

ゲーム性と遊び

自分で決めたゲームの定義の中で、人は本気で遊べるだろうか

前に少し触れたが、これからは、「遊び」という概念がますます重要になってくる。

遊びと聞くと、飲みに行くことも遊びになるし、街中をぶらつくことも遊びになってしまうが、大人の遊びではなく子どもの頃の遊びを思い出していただきたい。問題設定があり、それを解決していき、その中で報酬が決まり、楽しいと思える。それが遊びだったのではないだろうか。

たとえば、ゲームをする、将棋をする、ごっこ遊びをする、スポーツをするというのも、あるフレームの中に、問題と解決と報酬があって楽しいわけだ。

だから、まず遊びとゲームとルール設定は切り離せない考え方である。ゲーム的でない

遊びももちろん存在するが、たいていの遊びはゲーム的に定義しようと思えば、ゲーム的に捉えることができる。

たとえば、スキーがゲームかといえば、スキーそのものはゲーム的ではないと思うかもしれないけれど、スキーをゲーム的に捉えると、「より速く降りるということを問題として、その滑り方を解決し、その報酬として風を切る感覚がすごく気持ちいい」など、ゲーム的に分解することができる。

■自分の報酬がわかっているか？

スキーに限らず、あらゆるスポーツや運動は、そのようにあるフレームの中で、問題、解決、報酬という形でゲーム的に遊びとして定義ができる。その遊びによって金銭的利益を生むか生まないかは報酬では関係がないし、それが誰かの役に立つか立たないかというのも関係がない。

しかし、21世紀の遊びは、そういう問題、解決、報酬で他人の役に立つものがたくさん存在すると思う。

そして、これからの時代はそういう遊び方ができる人とできない人に分かれる。なぜならば、問題を立てる、解決する、ということが苦手な人がいて、自分が動く報酬が何にあたるのかがわかっていない人がいるからだ。報酬がわかっていないと継続性がなく、続けることができず、それ限りになってしまうのでワークアズライフとしてキャリアデザインが難しい。

そういったことから、今後の「仕事」では、自分でゲーム的なフレームワークを考えて「遊び」にしていくということが重要になってくる。仕事を遊びにして1日中労働をしろというわけではなく、小さい遊びとして仕事を生活の中にたくさん詰め込んでいくと、豊かな人生になるのではないかということだ。

そして、そういった生き方をするためのツールはたくさんある。たとえば、お金を集めるのであればクラウドファンディングをしてもいいし、NPOを作ってコミュニティをはじめる手続きも作りやすいし、一度も顔を合わせなくても人と一緒にネット上でプログラミングすることもできる。フェイスブックでコミュニティを簡単に作ることだってできる。ゲーム的につながって問題を解決することはどこにいても間口が開いている。

ツールはたくさんあるので、あとは問題・解決・報酬という3つをきちんと回せれば、なんだって遊びになるのだ。

■ギャンブル・コレクション・心地よさ

そうなってくると、遊びの中で、自分が何をすれば喜ぶか、つまり自分にとっての「報酬」が最も考えないといけなくなる概念になるだろう。

問題の発見とその解決は仕事でもよくやることだが、自分にとっての報酬が何かを考えないと、前述したように継続性が生まれないし、モチベーションが起きない。

そこで、前項で述べた「ギャンブル的」な定義の仕方が重要になってくる。つまり、ドキドキして、たまにうまくいく、という課題設定と報酬の話だ。

また、そういった射幸心《しゃこうしん》とは別に、ひたすら積み上げていくのを眺めることに喜びを見出す人もいる。貯金が好きな人もそうであるし、コレクションが好きな人もそうかもしれない。

射幸心としての「ギャンブル的な報酬」と、収集欲としての「コレクション的な報酬」。それと、より体感的な「心地よさの報酬」というのもあるだろう。その場の快楽的な報酬で、すごく気分のいいところにいられたり、爽快感が得られたりという五感的な報酬だ。

これら3つの報酬が、物事の継続性を生む。たとえば、「ギャンブル的な報酬」であれば、毎回チャレンジして、競争して、誰かに勝つということが挙げられる。すると、競争相手のようなものを常に探していかないといけない。趣味でハッカソンというソフトウェアの開発イベントに出ることなどもすごくギャンブル的で、賞を獲ることが喜びになる。一度うまくいくとハマっていく。

「コレクション的な報酬」であれば、積み上がっていることが「見える」という点が非常に重要で、可視化させたり、わかりやすくさせたりすることが必要になる。

3つ目の「心地よさの報酬」ならば、「じゃあ、五感をしっかり使っていこう」という話になるわけで、「おいしいものを食べるような結果に繋げよう」や、「いい音楽が聴けるような場所にしよう」「美しい風景が見られたらいい」などということを意識してやっていくべきだ。

そういった報酬のデザインの中で、最も自分に向いているものを選ぶべきである。

■習慣が続かないたった一つの理由

以上のように、あなたが何の報酬で喜ぶのかということを意識して、「遊び」として人生をデザインしていくことが、これからの時代のキーワードになるだろう。そしてこれは、どれが正解ということではなく、人それぞれ違っていい。どれか一つに限定するのではなく、すべての要素が混ざっているパターンもいいだろう。

僕の場合であれば、研究をするということが好きな理由が3つある。評価が得られる点でギャンブル的ということと、作品が残るという点でコレクション的ということだ。また、成果自体が見えるときは自分の五感の新たな体験として感じることができて快感的でもあるので、実は3つが適度に合わさっていると言える。

そして逆に考えれば、あなたのやっていることに継続性がないのであれば、この3つの要素がどれか欠落しているのではないだろうか。

好きで何かを続けている理由を細かく分解すると、そのギャンブル、コレクション、快楽のどれかに誰もが集約されるだろう。「ドキドキしたい」し、「充実感を得たい」し、「単純に気持ちがいい」と感じたいのだ。

知り合いの野球選手に聞いた話だが、「野球が好きだ」というのも、ヒットが打てるかどうかわからないギャンブル的な要素と、コツコツと身体を鍛えて数字を重ねていくコレクション的な要素、そして単にカキーンと打つこと自体の快楽もあるという。

あなたが今やっていることでも、その3つを意識してみてほしい。

完成物

評価可能な軸に至るまで、もしくは至らなければ、その努力はないのと同じだ

前項の「コレクション的」の話の補足になるが、自分のやった分の成果が目に見える結果として出るのは、今後のキャリアを作る上で老若男女を問わず大切なことだ。

たとえば、いくらジャンケンは遊びだといっても、「ジャンケンを永遠にやっててください」と言われると結構しんどい。それは、ジャンケンをしていても完成物が出ないからだ。もしジャンケンで勝てばポイントかアイテムが貯まっていくのであれば、一応の完成物として目に見えるので継続性が生まれるかもしれない。ジャンケンと同じ構造でも、ポケモンのように水・火・草などの属性で戦うのであれば、演出のかたちで結果が見える。

そのように、成果を完成物や可視化して見えるように意識したり工夫をしたりすると、

仕事も生活全般もゲーム的にやりやすくなる。

そして何より、他人にアピールすることができる。つまり、完成物をSNSなどで発信すれば、社会からの要請を受けやすくなる。完成物を通していかにコミュニティにおいて自分を語るかということも、きっとシンギュラリティ以降のキーワードだ。

■自分が喜び、社会も喜ばせる

幼い頃であれば、「ただ遊ぶ」ということが重要だったのが、大人になれば、「継続性のために自分が何で喜ぶか」を意識することが重要になる。自分から発信すれば、社会からお金がもらえたり、賞などの評価に繋がったりするわけで、自分の喜びと社会の喜びをマッチングさせるときに、他人が評価可能な完成物があると非常にスムーズになる。

「社会の喜び」といっても、それは無理に社会を喜ばせる必要はなくて、遊びにおいては、まずは「自分がよければいい」というところが重要だ。自分が何で喜ぶかだけを最初に押さえ、そこからお金をもらったり、人から認められたり、職業として継続性のあるものにしていく上で、完成物の価値を社会に問うていけばいい。

自分がやっていることで何が残っていくのか、それを意識してほしい。

アイデンティティ

ゲームのルールが決まれば、あとは戦術の問題だ

遊びにおいては、「とりあえずやってみる」ということも大事だ。

問題設定とその問題解決とアクションプランが決まったら、悩むよりやってみるほうが重要だ。あれこれ悩むより出たとこ勝負でしか自分の喜びはわからなかったりする。どんな本にも書いていることだが、やはり短いスパンで繰り返していくと、自分の特性についてやがてわかってくるものがある。

もし、僕がそこに新たに補足できることがあるのであれば、何かの行動を起こす前段階としての「自分らしさ」は必要ないということだ。つまり、「他人の猿マネでもいいからやってみる」ということ。最初は、「自分らしくしないといけない」などと難しいことを

考えないほうがいい。手を動かさないうちに老いてしまう。

研究をする場合でも、パイロットスタディという、研究する前の実験が重要で、とりあえず仮説を立ててフィールドワークを行ってみてはじめてわかることは多い。とにかく何かアクションを起こして、そこからより詳しく問題を探すほうがとっかかりがつかみやすい。パイロットスタディをやっていると、先人と実験条件をそろえて「しっかり」マネをしているほうが発見があり、面白いことだってある。何かをやり出す前に「これは、本当に僕がやるべきことなんだろうか？」と考え出すと何も進まない。

■遊びが「その人らしさ」を生み出す

「趣味性」の話とも重なってくることだが、これからの時代、「遊び」でしか個人のアイデンティティを確保できなくなるかもしれない。

多くの仕事は、ビジネスモデルを考え出す起業家でない限り、誰かが決めたフレームワークに乗ってやることがほとんどだろう。あるお金の稼ぎ方のエンジンがあって、それを分担して進めていくというのが、多くの人がやっている仕事じゃないだろうか。

それが「遊び」になると、自分でそれを発明しないといけなくなるので、アイデンティティ、つまり自由意志や自己実現に関わってくるわけだ。

アイデンティティの役割は、自分の報酬系と他者とのコミュニケーションの手段の2つの考え方がある。つまり、報酬として継続性があるかどうかに関わってくるというのと、社会に対してコミュニケーションをするときに「その人らしさ」を作るための方法ということだ。つまり、好きな遊びを考えたり、好きなことでアウトプットしていることを分析すると、それが「その人らしさ」を作るということだ。

これまでの時代は、オリジナリティの高い天才的な人間がこの世に生を受けて、その人がものを作るから、その人らしいものが世の中に溢れる、というように偉人伝は編集され、そう思われてきたかもしれないが、それには異を唱えたい。

ある問題設定があって、それを解決する人が、その環境と対処的に取り組んでいく中で、やがて特徴のある人間になっていく、つまりアイデンティティができていくというのが実際の順番だ。生まれながらに特徴的な人は、実は存在していない。環境や学ぶ態度から後天的にどんどん特徴的になっていく。その様子が速いか、遅いかということだけだ。

そして、それは遊びを考えさせると特に顕著に表れる。その人にとって拭い去れない特徴が出てくるので、遊びは積極的にやっていかないといけないのだ。

時代性

人とテクノロジーの組み合わせが、時代を作る

本章の最後に少し応用的な話をしたい。それは、あなたがゲーム的にワークアズライフをとらえて、何に喜びを感じるかを見つけた後、次のステップで大事になるのは、「時代性を考える」ということだ。

「これが受け入れられるには、どのようなコンテクストがあるのか?」や、「今、自分はどういう時代背景を生きているのか?」と考えることである。

時代とは波のようなもので、波打ち際でぴちゃぴちゃと遊んでいるような人と、サーフィンをして乗りこなしている人とがいる。もちろん時代を意識して波に乗れれば、圧倒的にアウトプットの量と成果に差をつけることができる。

しかし、コンテクストを意識した遊びといってしまうと、一気に仕事的になってしまうので、今何が求められていて、何をすべきなのかということを、「グローバルなコンテクストなのか、ローカルなコンテクストなのか？」という軸で考えればいい。それを意識することで、他人とのコミュニケーションツールとして一気に人との対話が可能になっていく。

「なぜ、先人がそれをやっていないのか？」や、「どういうフレームワークだと、そのコンテクストの中でウケるのか？」「なぜ今、自分らしくやるのか？」ということを考えて、コンテクストと対比することで、初めて人と違いが出てくる。そこが出てこないと底の浅いものになって埋没《まいぼつ》してしまうし、今やる意味がない。

■背景を知ることは単純に楽しい

僕の場合でいうと、ユビキタスコンピューティングのコンテクストを意識している。

私たちは今、コンピュータのことをどんどん意識しなくなっている。あらゆるものを印刷し、造形し、人間が空間で暮らしている中で、そのテクノロジーの影が見えないうちに、もしくは意識しないうちに空間が変化している、ということがこれから増えていくだろう。

その無意識的なコンテクストを意識したときに、「じゃあ、僕は生活の中で何が必要なのか？」ということを考えるわけだ。環境の中でどれだけ気づかずにデジタル技術の恩恵が得られる素材そのものの研究があるかを考え、能動的に人間に対して働きかけてくれる音や光、触覚を提示するためのディスプレイを考え、最後に「人間がどうやってわからないようにコンピュータから操作されるか？」というヒューマンコンピュテーションを考えるのだ。

そもそも遊びはコンテクストを理解しているほうが楽しい。たとえば、オペラ鑑賞をするにしても、事前学習をしないと意味がわからないし、アーティストのライブでも、事前に音楽を聴いてから行ったほうが楽しめる。

それと同じで、遊びもコンテクストをあらかじめ意識してからやったほうが楽しい。ただ、コンテクストを理解しなくてもただ単に感動するような原理的な表現は、言葉や文化を超越して受容者に届く。それは、無意識的にグローバルのコンテクストをつかんでいることが多い。

第 2 章

超AI時代の「働き方」

スペシャリストでありつつ、知識にフックをかけていく

コモディティ化

時代の速度より遅い進捗は、いくらやってもゼロになる

以前、平均年齢15歳の子どもたち20人に、ページ工作や機械学習、ソフトウェアを教えるワークショップをしたことがある。3日間で合計24時間ほどだったのだが、誰ひとり脱落することなくハードウェアやソフトウェアを作れるようになった。

驚くべきことなのは、今までであれば24歳の学生が修士論文でやることを、パターン認識の技術などを使いながら、15歳くらいの子ができるようになったことだ。つまり、24歳の人にとっては9年分の時間があっという間にコモディティ化してしまったというわけだ。それは専門性のあることもすぐにインターネットによって薄れていくという意味であって、そうすると、今は難しいとされていることも、やがてすべての人々が意識せずに

簡単にできるようになってしまうと予測できる。

今、私たちにはインターネットがあり、他人がやったことはすぐに学習でき、コピーができるようになっている。そうなってくると、私たちは新しい技術を常に取り込み続けたり、追いかけ続けたりしていかないとまったく仕事にならず、特殊性を保てない。大学で学んで資格を取れば一生使える、ということがなくなってくるわけだ。

逆に言うと、そういう人たちは今後、資格の権威を守ろうとしていくだろう。けれど、テクノロジーによる価格破壊や、脱人間化は確実に起こっていくし、少なくとも年功序列のような生得的優越はなくなるかもしれない。

そういうコモディティ化はコンピュータによって加速するし、その速度が昔のコモディティ化の速度とまったく異なってきている。

昔だと、WordやExcelを打つために専門学校に行かなくてはいけないということがあった。そして、大学院で最先端のパターン処理をするために大学に行かなくてはいけなかった時代もあった。けれど、それもインターネット上でツールをダウンロードできるようになり、指数関数的に速くなっている。

■「ムダな時間」は削り続ける

そうした中で技術を追いかけ続けることができないといけないわけだが、それが当たり前のようにできていない。感覚的にはキャッチアップ能力の低い人ができていないと感じている。

そういう人たちが既得権益を守ろうとして生きているけれど、それも時間の問題だ。多角的、コスト的な意味でリストラされていくのは必至だ。

それでは、新しい技術習得をどうやって身につけていくか。

まずは、機械によって時間が省けるようになったのだから、「ムダな学習時間」をますます削っていく努力をしていく必要がある。

そして、なるべく新しい技術習得を追いかけ続けないと、たとえば医者という職業はこれまで安定していたわけだが、ロボットによって手術が行われるようになると、かなりの人が必要なくなってしまうし、正確な診断がコンピュータで行えるようになってくると、研修医と熟年の医者の違いもあまり変わらなくなってくる。

こうしたことはあらゆる分野で起こってくるだろう。弁護士だって、法律相談のほとんどをコンピュータで解決できるようになると、「弁護士資格を持っている人だけしかハンコが押せない」というような仕事しか残らないようになる。つまり既得権益であるが、それを釣り上げる動きがあれば、政治が緩和してしまうだろう。

シンギュラリティ以降はそういうことが次々に起こってくる世界になるので、少なくとも技術については学び続けないといけない。そして、第1章の「ブルーオーシャン」の話で述べたように、全員が違う方向にキャラクターを持っていないとコモディティ化が避けられない。

マーケティング能力

これからは、アプリケーションが重要になってくる

今、マーケティング能力と呼ばれている能力は、テクノロジーのアプリケーションの話として説明ができる。たとえば、「○○があったら、こんな使い方ができる」「他に○○で使うこともできる」「○○さんが便利になる」というような想像力の話のことだけど、自分にあてはめて「○○に行けば○○ができる」「この商品だったら、こうすれば○○できる」というような応用可能性や想定顧客や、どういう意味がそこにあるのかを考えることが重要だ。それはおそらく、半分はストーリーの伝え方の話で、もう半分はそれを列挙できる能力なのだろう。

そして、何かのプロダクトを見たとき、もしくは、自分が何かできるようになったと

き、それが自分という存在にあるものとして考えられるかどうかという能力である。

どういうことか説明すると、それそのものがスペックとして持っている「定量的に測れるもの」から一段階抽象化して考えるということだ。たとえば、数値的にはいくらと書いてあるけれど、それが何に使えるかは、いったん抽象化して、「○○に使えるかもしれない」「○○に活かせるかもしれない」ということを考えなくてはいけないわけだ。

本質的にそれができれば、プロダクトを「売り込む」ということは必要なくなっていく。インターネット時代には、「何に使えて、どういうものである」ということがもっと明確になり、技術側もそこに特化して尖っていれば、それは必然的にマーケティングも兼ねている。だから、不必要な広報戦略をなくすには、そこにちゃんとフィットするプロダクト、もしくはフィットする人間になっていればいい。そういう戦略は、無人化のための一つの方法だ。

■出口に繋ぐ能力

「○○という出口があるから、出口をベースに入口を考える」という思考が当然になってくるだろう。出口に繋ぐ能力は、インターネットがもたらしてくれ、その中間のコミュニケーション能力というのも、インターネットによって強くなっていく。そうすると、プロダクトを作る入口のときから、出口のことを考えながら進めるということが当たり前になっていって、それがすごく重要になってくる。

それを今の世の中では、「マーケティング能力」と呼んでいて、市場が何を必要としているかを人間が考えるわけだ。市場は何をしているかというと、需要を持っている。その需要に対して供給を与える能力だ。その供給を、需要し続けるように与える能力であるわけでもあるけれど、それは最初に述べたようにアプリケーションを創造することと極めて近しい。

その途中の方法、つまり、どうやって通信するか、顧客に提供するかというのは、すでにいろいろな情報通信ツールがあるから、極めて容易になってきている。

■「売り込みをする人」の居場所

逆に言うと、そのマーケティングのことを考えないで作ったプロダクトは、作った後にマーケティングをしても売れない時代になりつつある。「誰が欲しいのか」「なぜ、それが必要なのか」、そして、「どういう文脈がいるのか」というようなことは、ずっと考えていかなくてはいけない（この話は、拙著『これからの世界をつくる仲間たちへ』（小学館）に詳しく書いている）。

今、売り込みの仕事をしている人たちは、もっと前段階の開発分野がこれからの居場所になるだろう。つまり、ごり押しで売り込むという「詐欺的なこと」をしている自覚があれば、それはどんどん意味がなくなってくるし、危機感を持たなければならない。技術を身につけていたり、本質的な意味を理解できる能力をつけたりしていかなくてはいけないだろう。

顧客にとって、どういう利便性があるのかということを開発の段階から考えるほうが、作ってしまったものを売るより効率的だし、シンギュラリティ以降は必然的に開発自体とマーケティングは同義になってくる。

利潤の再投下

法律が人格を作った。次はテクノロジーが人格を作る

会社の寿命は、人よりも短い。だから、今のタイミングで会社にしがみつく必要はおそらくない。

ひと昔前は、会社の寿命は長かった。なぜなら、技術革新が遅いスピードで進化していたからだ。イノベーションはそう簡単には起こらないし、情報の伝達形式もマスメディアが担っていたから遅かった。

会社の寿命やビジネスモデルの寿命、メディアの寿命がすべて長かったので、40年もの生涯雇用が可能だったけれど、今はそうではなく、社会の使っているメソッドの寿命はもっと短い。

それによって、私たちは今、その人がやらないといけないことに対して、ビジネスモデルがコロコロと変わっていってしまうわけだ。自分ができるスキルセットは、できれば常に溜めていかないといけないし、どうマーケットが動いているか、もしくは、どういう業界が変化しているかということを常に追いかけ続けないと使えなくなっていく。

■会社は使い倒していく

いつリストラされても、「業界がこう変わっているから、こっちに賭けてみよう」という態勢を全員が取れるようになっていることが望ましい。今はそうなっていないのが非常に残念な状態だけれども、だからなるべく会社にはしがみつかないほうがいい。

それは逆に言うと、「会社を使い倒したほうがいい」という話だ。今のビジネスモデルで利益が出ているのは、何の分野や技術なのかを明確に考えたほうがいい。そこに利潤があるから次のビジネスモデルが生まれるからだ。

たとえばアメリカであれば、最初にインテルやヒューレット・パッカードのような会社が、ハードウェアを作ることで利潤を貯めて、その資本をソフトウェアやパーソナルコンピュータの会社に再投下することによってアップルなどが大きくなっていった。

さらに、その利潤を再投下することによって、ソフトウェアカンパニーが90年代に大きくなり、その再投下によって2000年代にインターネットカンパニーが大きくなり、場合によっては、買収を繰り返して大きくしていった。

それは、会社が資本をどう再投下していくか、もしくは、業界がどう資本を再投下していくかという大きな話だけれども、そのようにマーケットも変わるし、会社も変わっていくので、その時代性を常に考えないといけない。それを意識しながら、技術を作ったり、自分のスキルをつけていくべきだ。

だから、会社はいつ辞めてもいい。

■利潤の向かう先へ行け

ここまでは大企業レベルで言ったけれど、会社に利潤が貯まっているなら、その再投下を自分が主体的にしたほうがいい。会社の外で新しく研究を始めてもいいし、新しい企業買収を計画してもいい。今のうちに新しいことに宣伝を打っておいてもいい。そういう利潤の再投下のプロセスを会社にいるうちにやっていることが望ましい。

今までの日本企業の失敗点は、グローバル革命とデジタル革命で、インターネット革命の区別がついてなかったことだ。

グローバル革命は、単純に言うと、80年代以降から90年代くらいまでで世界が繋がったので、あらゆるところで世界展開してOKという状態になったこと。そして、デジタル革命は、あらゆるところでソフトウェアのほうが重要になってきたということ。たとえば、人間が働く代わりに、Excelを使って、コンピュータでインテグレーション（統合）するほうが重要になり、かつ、設計図であるソースコードを作る側のほうが重要になったということだ。

それに対して、インターネット革命の意味は、いつでもどこでも繋がることによって、ロングテールが成立したり、コミュニケーションコストがすごく下がったりしたことだ。

今の人工知能革命は、ヴァーチャルリアリティ（VR）によって、世の中にある物体の価値や実質的なソフトウェアの価値がごちゃ混ぜになり、あらゆる判断や学習が比較的安いコストでできるようになってきたということだ。

その中で、ソフトウェアは最大公約数を常に探してきたわけだ。

■ニッチを攻めるか、最大公約数を埋めるか

今、世の中は多様化して、あらゆるアプリケーションができるようになってきたけれど、アプリの中で最大公約数的に満たすべき条件というのは、たとえば、全員がスマートフォンという画面のついた板を持っていれば、それを計算に使ってもいいし、ランニングに使ってもいいし、街歩きに使ってもいい。

それらに必要なのは、画像を表示する「二次元の板」という最大公約数であって、その最大公約数を探して、その最大公約数をソフトウェアでどう管理するかだ。

それはアップルなどのOSの管理を持った企業が勝ってきたわけだけれど、それはつまりハードウェアは何だっていいというわけだ。別にアンドロイドの携帯だったら、どんな携帯でも動くので何を使ってもいい。

だから、何を最大公約数的に得て、どれをソフトウェアにしていくのか。たとえば、今あらゆる製造プロセスも、CADからできてくるし、CAD／CAMから出てきて、最大公約数を取って、何を考えていくかということをソフトウェアの人たちは考えている。

それはあらゆるビジネスモデルもプラットフォームもサービスも、基本的にはそういう動き方をするので、それをソフトウェアで実現することがすごく重要になってくる。逆に

言うと、ハードウェアをやる人たちは、そこにスペシフィックな、多様性の根源になる、趣味性の高い、もしくは専門性の高い、もしくは用途として使えることとして、ニッチを埋めることをやっていかないといけない。つまり、ニッチを攻めるならハードウェア、最大公約数を埋めるならソフトウェア、という状態になっている。

そういった中で、仕事でニッチを横展開して増やしていくのであれば、そういう戦い方もあるわけだ。全員が同じ業態で攻めていくのはソフトウェアでやるしかなくて、その2つの方向でだんだん分断されていくだろう。

だから、分社化するというのはいい発想で、たいていの会社は分社化しているけれど、それはニッチに切り分けているという見方ができるわけだ。全員が全員、同じ目標に向かって走ることができないので、ソフトウェアだったら走れるけれど、ハードウェア、もしくは、ニッチサービスだとそれは無理なので、ニッチに分けたほうが正しい。

AI系ツール

時間だけが唯一のリソースになりうる

人間は、時間や締め切りに追われる。

やらないといけないことで時間に追われるのは仕方がない。けれど、今やらなくてもよいこと、特に機械に任せればいいような部分で時間に追われている人はまだまだ多いのではないだろうか。

2016年、リオ五輪の速報記事をAIが書いたことが話題になった。

なぜ、AIが書いていたかというと、考察などの長い文章や、読み応えのある分析を人間が書く時間を稼ぐためだ。読み応えがある文章を書くことは、今はまだ非常に人間らしい作業である。

そこに時間を費やすために、「速報を早く書かないといけない」というタスクの締め切りを外してしまったのだ。この選択は正しい判断である。それは文章に限らず、他のことにおいても時間の使い方をうまくしたほうがよい。

日常生活を過ごしていても、不必要な締め切りが世の中にはいっぱいあるだろう。たとえば、「情報共有のための資料を作らないといけない」といってパワポを作る人もいるだろう。

しかし、会議などで用意される「捨て資料」の文化が世の中からなくなれば、社会はずいぶんとよくなると思う。

僕の研究室ではパワポを作る必要がないようにしている。そして、パワポを作るより、パソコンの中のデータを見せながらしゃべるほうに時間を割いたほうが聴く人の頭に入りやすくなる。

■レイヤーの「上か下か」を見極める

こうしたように締め切りに追われる慣習の意味を一つ一つ考え直すことが大切だ。機械のサポートを常に追っかけ続ける必要がある。なるべくツールを使って、自由な時間をどんどん稼いでいくべきだ。「そんなことをやって何の意味があるんだ？」という根性論には敏感になり、それを徹底してなくしていったほうがいい。

そもそも低レイヤーの話は、もう二度と人類が触ることのないようなものになりつつある。社会のレイヤーはどんどん上がっていき、すごくコアな材料科学や基礎科学の部分はイノベーションを起こす可能性がある。

たとえば、レンズ同士の光学系の仕組みを知らないとカメラを製造することはできないが、組み立て式になっていれば光学的な構造をよく知らなくても作れる。つまり、最も上のレベルと下のレベルのことを押さえておけばよくて、その中間工程を全部コンピュータが代替してしまえばいいのだ。

その中間工程を、「修業だ」といって人間にやらせても、本質的には何も身につかないわけだ。そのような不必要作業に時間を取られるのはなるべく外し、上か下かを見極めて時間をかけたほうがいい。

■ツールをどんどん使いこなす

そして、人間が追われている締め切りのほとんどは、この「不必要作業」による締め切りだ。僕の感覚でも80パーセントくらいは不必要作業の締め切りだ。身近な例でも、メールする時間がないならすぐに電話をすればいい。けれど、「送られたメールに対して、ちゃんと返事を返さないといけない」という根性論が社会のルールとして存在しているので、やらなくてはいけないことが多くなる。しかし、そのルールが自分のコミュニティに必要でなければ、ルールを変えていけばいい。

そうして考えていけば、合意形成のために使っている作業が減っていき、時間をかなり削減できるだろう。

僕はこれをかなり意識的に徹底的にやっている。たとえばＡＩ系のツールで、アポのメールであれば勝手にカレンダーに記入してくれるツールがある。そして、そういうツールはこれから先、加速度的に増えていくと思われる。それらを積極的に使い、調整コストをどんどん減らしていくことによって、今の締め切りの概念をもう少しゆるくできるのではないだろうか。

そのうち、「この時間は空いていますか?」というメールに対しても、信頼できる人物であれば自動で返事するというシステムも生まれるだろう。

そういう社会になっていく中で、その間の中間工程で時間を取られているのは不必要でしかなく、非常にもったいないと感じなければいけない。

■「中間」がコンピュータにやられる

これから先、締め切りに追われなくしていく方法は、ここまで述べてきたように「ツールを使うこと」だ。そして、「中間の工程をあまり気にしないこと」。最後に、「機械にできることを極力やらないこと」。この3つが非常に大切になってくる。

その3つを意識すると、劇的に締め切りに追われなくなるはずで、最初のリオ五輪の話のように、長期的にアウトプットしていくようなタスクに、もっと多くの時間をかけることができる。

そして、これまで中間工程を調整していたのが、「ホワイトカラー」と呼ばれる人たちである。その中間工程の調整をコンピュータが担っていく世界が、いわゆる「シンギュラリティ作業世界」だ。

何度も例に挙げているUberは、ホワイトカラーの人たちをできる限り取り除いたビジネスモデルだ。Airbnbやクラウドソーシングも当てはまる。

たとえば今、「ロゴデザインを作る」という作業を考えたときに、広告代理店が間に入って企画書を作り会議にかけて……、ということをやっていると思うのだが、そこが不必要になってくる。そして、そういうような時代にどうやって備えるか。

もし今、あなたが中間の調整作業をやっている自覚があるのであれば、それはそのうちコンピュータにやられてしまいやすいところだ。早く別の作業に時間をかけていく努力をしたほうがいいし、これまでの表現を使うのであれば、もっと遊んだほうがいい。

一刻も早く、今、たくさんの時間をかけてしまっている作業を見直し、締め切りに追われない生活を手に入れよう。

非合理的コミュニケーション

人間をコミュニケーションのチャンネルとして捉える

機械は今後、人間に対してものすごくコミュニケーションを取ってくるだろう。今でも、会話ロボットやＬＩＮＥをしてくるシステム、もしくはSiriが話しかけてくるなど、ありとあらゆるコミュニケーションが存在している。

けれど、機械はいつまで経ってもごはんを食べない。充電が切れることはあるかもしれないが、充電中にコミュニケーションで時間を潰すとは考えにくい。なので、食事のときのトークでは、機械が取らないコミュニケーション方式をこれからも人間は多用するようになる。つまり飲み会のことだ。

そうすると、機械にできないコミュニケーションを充実させるというのは、これまでどおり人間独自の方針になってくるわけだ。

たとえば、シンギュラリティが来たら人間はごはんを食べなくなるかというと、おそらく食べるだろうし、おそらく睡眠もするだろう。人間が人間であるがゆえにやらないといけないことは、きっと残ると思われる。

そして、それをどうやって増やしていくかというところを今よりもっと考えていかないといけない。

■非合理な時間

アメリカのエグゼクティブクラスの人間であれば、ランナー友達がいたり、釣り友達がいたりなど、一見すると趣味に見えるけれどそこまで大好きな趣味ではない習慣での友達という存在が増えてくるという。要するに、身体を動かさないと健康を保てないし、魚は欲しくないがボーッとした時間が欲しいから釣りをしているだけかもしれない。

そういうムダに見えて決してムダではないという時間をどんどん増やしていくことが、人間にとってやらないといけないことになっていくと予想すると、一見合理的に見えないことや仕事に見えないことで機械との差別化を図るということを意識する必要がある。

非合理なことと合理性のあることを比べれば、合理性のあることは機械のほうが断然得意である。

けれど、合理性はなぜ生まれてくるかというと、ある問題のフレーム、もしくはゴールを設定したときに、そこまでどうやって最短でたどり着くか、という計算できる世界があるから合理性が生まれるわけだ。

フレームがない状態では、合理性かどうかということは、なかなか言いにくい。つまり、先ほど挙げたランニングや釣りのように明確なゴールがないときに、合理性というモノサシは判断の軸にならないわけだ。

素早く目的地に着くことや、手っ取り早く魚を手に入れたいのであれば、機械のほうが得意かもしれない。けれど、そういう軸で走っていない、魚を釣っていない、ということであれば、それはそういうことなのだと意識してやっておくべきだ。

それを広げていくと、人生にも目的がある人がいるし、ない人もいる。なので、基本は非合理的なことばかりでいいスタンスを取り、問題解決のための合理的なことと、問題解決以外の非合理的なことというのを一度切り分けたほうが人生は豊かになる。

■LINEスタンプや飲み会の曖昧さ

今、私たちが使っているコミュニケーションサービスを考えてみてほしい。意外と非合理的なものばかりだと気づくのではないだろうか。

「スナップチャットは、なぜ画像が消えてしまうのだろう」や、「Twitterは、なぜ140字なのだろう」「LINEは、なぜ曖昧なスタンプを押し合い、もっとちゃんと情報を効率的に伝達させないのだろう」ということが愚問であるのと同じで、人はコミュニケーションのスキームでは非合理的なことを実は望んでいるからであろう。

そうすると、飲み会やランチ会は、情報伝達においては非合理的だが、結局、人間がやらないといけないことは、極めて飲み会に近いということが言えるのである。

オーディオとビジュアル

人間同士の意思伝達系も、機械コミュニケーションと同様に考える

会議は、あるフレーム、あるゴールに向かって、どうやって最適解を求めるかを考える場だ。しかし、おそらく世の中にはそうなっていない会議が多くあり、会議という名のコミュニケーションの場になっている。たとえば、大学での会議は、会議をしないといけないと大学が決めているから会議をする。

僕がここで述べる会議は、コミュニケーションのことではないので、まずはそれを分けること。そして、フレームとゴール設定があることが重要である。

今後、会議をファシリテートするのに、絶対にコンピュータが入ってくるようになると思う。現に今もパワポを使いながら会議をするのは普通だし、議事録を全員で共有しなが

ら会議するのも普通だ。わからないことがあったらその場で調べてもいい。そこに、さらに機械からの提案があってもいいし、人間同士のコミュニケーションを機械側が提案してくれてもいいわけだ。

■会議中はコンピュータの一部

逆に、私たちは会議をしているとき、コンピュータの一部になっているという見方もできる。これは、ヒューマンコンピュテーションという分野だが、それは、システムの中に人間とコンピュータが共存するようなシステムの研究分野のことだ。海外でも盛んに研究されており、僕も研究している。

たとえば、「人間をどういうインターフェイスで機械と対話させると、人間は合理的に問題を解けるんだろう?」や、逆に、「人間が処理するのにこのくらい時間がかかるから、その間にコンピュータが何をしていればいいか?」というようなことが研究されている。

人間同士は、オーディオ(音声)とビジュアル(映像)でしか、まだ他人とコミュニケーションができなくて、脳に電気信号を直接送れなかったり、触覚でコミュニケーションしたりすることがほとんどないので、その2つでコミュニケーションするわけだが、そのコミュニケーションをもっと最適化させていく流れになるのではないかと思う。

そうすると、人間が持っている情報伝達ツールはオーディオとビジュアルに限られるので、それを使う能力がすごく重要になってくるわけだ。つまり、映像的にものを組み立てる能力である。

映像的にものを組み立てる能力、たとえば身振り手振りを使って三次元にオーディオとビジュアルで人に情報を伝える能力が、会議においては重要になってくるわけだ。どういうフレームで何をゴールにして議論するのかということを決めた後、それをどうやって効率的に伝えるかという「伝達力」の問題になる。

そうなってくると、コミュニケーションの場になってしまっている今までの会議は、言いたいことをしゃべったり、誰に根回ししたらいいのかを考えたりすることが重要だったので、それがいらなくなってくる。

私たちが意思決定のシステムの一部になっていると考えると、効率的にコミュニケーションし、効率的に情報をインプットするほうが重要なわけだ。そこで今、身につけておくべきなのは、オーディオとビジュアルを使って、デザインしたり、映像的に他人に伝えることが基本スキルになってくる。

プレゼンテーション

「伝える技術」は、「考える技術」よりも重要なのかもしれない

プレゼンテーションの技術は、今まではずっと演劇のようなことを指していたと思う。演劇と映画を足して二で割ったものをプレゼンと私たちは呼んでいて、映画付きの演劇みたいな状態が、たとえばアップルの製品発表会や、Keynoteのプレゼン、基調講演のプレゼンであって、これらを「先進的で素晴らしいプレゼンだ」と呼んできた。

演劇と映像というのは、前世紀まですごく優秀なコンテンツだった「二大コンテクスト」である。しかし、演劇的・映像的にプレゼンをしても、今の時代の会議だとあまり意味がない。けれど、先ほど挙げたような例であれば、エンターテインメントとして非常に意味がある。

■聴衆は「ワクワクしたい」

もしプレゼンの機会があるとき、そのプレゼンが「エンタメ」なのか、それとも「効率のいい情報伝達」なのか、この2つの軸は一度、意識しないといけない。エンタメとしてのプレゼンは、「ハッとしたい」「美しいものが見たい」「美しいロジックが聞きたい」「感情移入したい」という人間が持っている非合理的なことが入っていて、「ワクワクしたい」「楽しくしたい」「遊びたい」という欲求がその裏にある。思い返してみると、私たちが基調講演や製品発表会に求めているのは、すごくエンタメ色が強いプレゼンではないだろうか。

それに対して、実務色が強いプレゼンは、プレゼン資料を作る必要はない。僕のゼミ生にもよく言うことは、「今、何をしているかというのがスライドにまとまっている必要はない。ちゃんと議事録になって情報が共有されれば、別に何の資料も作らなくていい」ということだ。

その代わり、アジェンダがすごく重要になる。アジェンダは、あらかじめプレゼンの場に用意しておいたほうがいい。そのアジェンダどおりに情報が伝達されていれば、そんなに準備はしなくても、アジェンダで常に思考されて、共有されている状態というのがベストだ。

■プレゼンベースの仕事は効率的

あと、論文と会議でのプレゼンを合わせて「学会発表」は行われるのだが、ということは論文もプレゼンの一種ということだ。そうすると、プレゼンテーションとしての論文を考えたときに、「じゃあ、そのプレゼンで言いやすいものを作ろう」、もしくは、「言いやすいようにこの実験をしよう」というように組み立てるクセがつく。

つまり、プレゼンベースで仕事をすると、非常に仕事の効率が上がる。情報伝達のための仕事設計になるので、非常に効率的で重要なことだ。まず、プレゼンすることを先に考えて、スカスカのプレゼン資料を作ってから仕事を始める、という進め方は非常におすすめである。スカスカのプレゼン資料をどう埋めたらいいか、という順番でプレゼンベースに仕事をしたほうが捗《はかど》るだろう。

リサーチ&ディベロプメント

機械への命令法を使いこなすこと、それが機械親和性の高い人類を目指す方法だ

「ギットハブ」という共有サービスでは、エンジニアがそこにソースを上げて、ダウンロードして、新しく作ったのをブランチとして足していき、「これでうまくいったから、これを本採用する」というように日々技術が新しくなっていく。

このシステムは、法律でも使うべきだと思う。まずは小さく施行して、失敗したらやめる、うまくいったら国家レベルに適用する、というようにだ。そして、そういうようなソースコードの管理方法をしていると、「じゃあ、なぜそれがあって、みんなでソースや仕事のデータを共有できるようになったのに、わざわざ論文を書くんだ?」という話になる。

しかし、それはとても重要で、ソースコードは人間じゃなくて機械に説明するための文

章で、論文は人間がそれを読んで、どういうモチベーションでこれを書いたのかということを抽象化して数式にして、どういう結果が出るのかが書いてある文章だ。

■機械から人、人から機械

機械を動かすだけなら、あまりそれは必要ないかもしれないけれど、今もこれからも人間と機械が混ざって仕事していくわけだから、人間へ説明するのは大事なことだ。「モチベーション」「使った結果」「抽象化した意味」。この3つを伝える技術は必要だ。

「なんでそれやるの？」

「それはどういう意味があるの？　どんな機能なの？」

「それを使うと、どんないいことがあるの？」

「今後どうやって使ったらいいの？」

という質問は、どんな仕事の発注にも当てはまることだ。

人間相手に発注するときは、モチベーションと結果と抽象化がすごく重要だけど、機械に発注するときは、具体的な指示が大事になる。たとえば、「何を何回足して、何を何回掛けて、どの画像をどうフィルタリングして……」というように具体的な指令を出すわけだ。具体的な指令はどの機械で実行しても一緒だから、コピーして様々なところで使えるというのが、今のインターネット時代だ。つまり、機械への具体的な指令と、人をコントロールする抽象的な指令は、別々なものとして捉えるべきということだ。

実際に今、人間が機械に発注するときは具体的な指令が多くて、人間への発注は抽象的な指令が多い。そこで、「この人が言っていることを機械に指令するように変換しよう」というように人のロジックから機械のロジックに変換するのが得意なのがプログラマーと呼ばれる職業だ。逆に、機械への具体的な指令から、人のところを持ってくるのが得意なのが、研究者である。

実は意識してみると、機械から人、人から機械、という発注がグルグル回っている状態になっている。「リサーチ&ディベロプメント」ともいうが、つまりリサーチするときは機械から人にオーダーを上げないといけないし、ディベロプメントするときは人から機械のオーダーに下げないといけない。それらどっちもあるというのを意識しながら、業務の発注プロセスや業務の思考プロセスを考えていくと、自分がディベロプメント向きなのか、リサーチ向きなのかというのがわかってくると思う。そこを意識して、機械に仕事を投げるのか、逆に人に仕事を投げるのかというのを決めておくといいのではないだろうか。

ソーシャルメディア

一方向発信でないメディア系は前世紀と異なる振る舞いをする

前世紀は、マスメディアの時代だった。

一つの発信形態が複数の人に届くという作り方で、マスメディアとマスプロダクトの時代だったわけだ。マスプロダクトの宣伝をマスメディアでする。たとえば、ウォークマンやiPhone、パソコン、自動車、電化製品を作り、それをマスメディアに乗せて届けることで、全員が同じものを得ることができ、価格が下げられて消費をしてきたわけだ。

すると、「メディアに出る」ということに一つの価値があり、一人の有名人のことをみんなが知っているけど、有名人じゃない人は誰にも知られていないというような世界構造が生まれる。

少し調べてみると、世界レベルで有名な人は映画監督や俳優、政治家、もしくはオリンピックに出たスポーツ選手だ。そこに出てこない人は、知られていない、つまり他人にとっては存在していないのと一緒になっている。

これまではそういう時代だったわけだが、今の社会は随分と変わってきて、全員が全員、情報発信ができるようになってきた。たとえば、ソーシャルメディアは、マスメディアの一方通行と違って、人と人の関係性を複数のグラフで繋いでいくから、全体のパイがものすごく大きくなる。そして今、全員が情報発信する能力を持っている。

私たちは、意識的にメディアのことを考えないと、受動的では動いていかないような世界になってきたわけだ。

「発信している時間があれば、自分のことだけやっていればいいのでは?」というようなことも今の世の中では言われがちだけれど、自分自身で発信しないと自分以上に自分がやっていることに詳しい人はいない。

つまり、あなたがやっていることを誰か別の人が語れるかといったら、それは十分に語れないし、前述したＡＩが記事を書く話に近いけれど、自分がやったことをコンスタントにＲＳＳのように発信していくことはできるけれど、それがどういう意味を持って、どういう価値を持っているかというのは、結局は自分自身でしか言えないわけだ。

■自分から発信する

今の時代、「論文なんて書く意味あるの？」と、よく言われる。

しかし、僕は論文を書く意味がどんどん上がっていると考えている。「ギットハブ」という仕組みでは、ギットハブに書けない情報というのがあって、それは、数式で表したソースコードと、なぜこのコードをこう書く必要があるかというモチベーションについてだ。そうした数理的すぎることと抽象的すぎることは、論文の場でしか書けない。実験結果もそうだ。

要するに、ものごとには抽象的な意味と、コピー可能な数理的な情報の意味、この２つを備えているわけだ。

そして、その抽象的な意味のほうは、自分から発信していかなくてはいけない。つまりメディアとうまく付き合っていかないと、ちゃんと説明ができない。

今はメディアとの付き合い方という面であるし、シンギュラリティ以降だと自分が発信しないとちゃんと喋れないということを意味する。

なので、そこはちゃんと自分でやっていくべきで、どんな人が何を必要としているのか、自分は何と繋がっていくべきなのか、というメディアのお客さんと発信元の関係をしっかり作っていかないと、うまく仕事にならない世の中になっていくと思う。

だから、マスメディアの時代からソーシャルメディアの時代になって、あらゆるプラットフォームが人に開放されて、動画をアップロードしてもいいし、近況をアップロードしてもいいし、写真をアップロードしてもいい。そういう世の中になってきたんだから、そこを上手に使わないといけない。

■優位性をアピールする

そして、それはコンピュータであらゆることが解決するようになったら、必要がなくなるかといったら、そうではなくて、人間を動かす（プログラミングする）ための言語というのは人間のほうがうまく話せるから、これはやはり人間が伝えるべきで、その抽象的なレイヤーは人間が扱って、すごく具体的で数理的なレイヤーはインターネット上で共有可能にしておくことがベストだ。そのトレードオフは絶対に起こる。

これはエンジニアの人に限らず、たとえば、「自分がどう働くべきか」「自分がこういう働き方をしているから、こういう仕事は自分に来るべきだ」というように、すべての人にとっても、何ができて何ができないかをメディアを通じて発信することによって、個々の優位性や、全員が全員、他の人にない特徴をアピールすることができる。

それを絶対やっていかないといけない。

マスメディアの時代だったら、全員が全員、同じことを中間的にやっていればよかったけれど、これからはそうではない。だから、その技能や地域性、その人のキャラクター、特殊性みたいなものを発信していこう。

マイノリティと政治

民主主義は、少しずつ全員と違った意見を決める手段だ

私たちは国民・国家を発明してから、国家を分権的に運営している。なので、本当は全員が政治に興味を持っているべきで、つまり、自分たちが自分たちを主体的に意思決定するようになってきた世界だから、「その決定プロセスは、大きな流れではどういう意味を持っているんだろう?」ということを主体的に決定していかないといけない。

そうなってくると、一番の大枠で決めているのは政治で、政治が何を決めているかといったら、法律を決めていて全員に関するルールと全員に関する福祉と安全保障をしていたり、経済活動の調停をしていたりするわけだ。

それは、昔はマスプロダクトの世界で全員が同じことをしていたので、経営者が政治と

仲がよければよかったけれど、今は全員がスモールビジネスをしている場合であるので、努めてマイノリティが声を出さないといけない。しかも全員が全員、マイノリティと言って過言じゃない多様化した世界だから、そこを政治活動というものに落とし込んでいくことはやらないといけないことの一つだ。

■自分のことは自分で守る

そうしたときに、テレビの言うことを聞いて投票するというのがマスメディアの時代は当然だったけれど、それは当然じゃないかもしれないし、地方分権が進んで小さい社会になっていったら、その小さい社会において自分が何をしないといけないかは、意外と法律を地方ベースで作っていくことのほうが自己実現に重要なことかもしれない。要するに政治の参画性というものが、マスプロダクトとマスメディアの時代より上がっていくのは間違いない。

そうすると、政治に対して興味を持たない限り、自分のマイナーな分野、もしくはフリーランスの自分がどうやってこの社会で守られるかということがわからなくなってしまう。つまり、みんながサラリーマンの世界では、「今後、サラリーマンはこうなります。

自営業はこうなります」と言っているだけで済んだことが、生き方が多様になってたくさんのパターンがあったら、簡単に説明しきれないから、自分で調べないといけない世界になってくる。

だから、自分に関係のある政治に対してアンテナを張っておかないと、生存的に危険なわけだ。

■全員が同じ方向には向かない

これは当然のことで、いきなり突飛なことを言っているのではなくて、マスメディアの世界、つまり全員が一枚岩の世界だったら、政治をする必要はなくて、流れに乗っかっていればよかった。

ただ、たとえばアメリカだったら多民族国家なので、多民族になればなるほど、政治は熱狂的に重要になる。要するに、ステークホルダーのジャンルが多いから、全員がどういう価値観で動くはわからないので、それを自分で確かめていく必要があるということだ。

それに対して日本は比較的そうではなくて、ほぼ全員が同じ民族で、ほぼ全員が同じような働き方を昔まではしてきた。けれど、今はそうではなくなりつつあって、インターネットの力で発信形態も趣味性も興味の矛先も変わってきたから、大きな一つの政治にもっと興味を持たないといけないし、地方に分権された政治に関しては、もっと参画していかなくてはいけない。

とにかく、もう今、個人がバラバラになったのだから、もっと政治に興味を持たないと、生存に関わってくる。

これから先、ある程度はコンピュータが政治をするようになるだろうし、コンピュータが直接民主制を可能にするツールや、政策がその人にとってどういう意味を持つのかを計算可能にするソフトなんかがたくさん出てくると思うけれど、今のうちからそういうようなものに触れていかないと、今後の社会についていけなくなるのは間違いない。

情報アプローチ

これからは、一人一人が発信系を持つ

前項の「政治」の話にリンクさせて、どのように情報にアプローチすればいいのかをここでみていく。

今この世界にある情報には、昔ならば、新聞とテレビと雑誌を見ていればだいたいはアクセスできた。逆に言うと、そこに出てこない情報は「ないもの」として当然だったわけだ。

そして、自分で取材しに行くしか方法がなかった。僕の父親はそこの面ではすごく偉いと思うけれど、要するにマスメディアにない情報を取りに行くということは、昔はすごく重要なことだった。

しかし、今はマスメディアにない情報は、SNSを検索すれば出てくる。しかも、それを後追いしてマスメディアができているような時代になってきている。だから、プッシュ形式のアンテナをいっぱい持っておくことが重要だ。

それは何かというと、SNSで世界の地方の情報を知っておく、ということがすごく重要で、そこから流れてきたら調べられる。しかし、それに気づかないと調べられない。だから、「気づくようにしておく」ということが重要だ。気づくようにしておくのには、SNSでもいいし、逆に言うと、フィルタリングするのにはマスメディアを使ってもいい。けれど、その情報の役割を複数知っておかなくてはいけない。

■アプローチ先を増やす

あと、専門家ならその専門のことはいつもチェックしておく。そして、自分が専門的に知っていてメディアとして発信しないといけない情報が一人一人あるわけだから、そうすることを欠かさない。

たとえば僕であれば自分の研究について知っているし、他の人であればアーティストのライブについて知っているし、新しい組織の発明について知っていたりする。それは自分が発信していく情報で、自分のコミュニティの情報は自分がわかっていることなので、それは常にアクセスしないといけない。

それに近しい周辺情報はＳＮＳから来るし、それより大きな情報はインターネットやマスメディアのほうから来るから、それに対して、きちんと気づいて検索するアプローチをとらなくてはいけない。

今までは、画一的に全員が知らないといけない情報や社会常識、一般常識みたいなものがあって、それに毎日アクセスすることが情報に触れるということだったけれど、それには実はヒエラルキーがあって、まずは「自分の近くの情報」、次に「自分が専門的に知っている情報」、そして「ＳＮＳから来る情報」、最後に「マスメディアから来る情報」という段階にして、それぞれアプローチの仕方を変えていかないといけない。

それのどこにどれだけ触れているかによって、人それぞれ楽しみ方が違う人間ができあがるけれど、そこはバランスをきれいに作らないといけないと思う。

ＳＮＳだって立派なメディアなので、情報発信の仕方を間違えれば炎上するし、逆に言うと、マスメディアとＳＮＳであれば、ＳＮＳのほうが残りやすい。記録を全部付けているのは、ＳＮＳのほうなので検索性能が高い。

■アクセスする「時間」を気にする

今、マスメディアで出てくる情報は、たとえばオリンピックのメダルを獲った瞬間なんて意外とアクセスしにくかったりする。こういうのは時間性のあるメディアなので、時間性のあるメディアは時間性として意識して、記録が残っているメディアはいつでもアクセスできるから、いつアクセスするか時間を考えないといけない。

つまり、時間が限られるものから優先していかないといけないので、考えて意識して付き合わないといけない。たとえば、オリンピックの感動は、オリンピックをやっているときしか味わえなくて、それ以外のときに味わおうと思ったら、それはやっぱり違うものになってしまうわけだ。

だから、マスメディアが悪いというのではなく、その瞬間に情報にアクセスしなきゃいけないのは、インターネット時代になっても、当然残るだろう。

フックの付いた知識

データ量でなく特徴量を記憶に埋め込む

これから先、クイズ番組はなくなっていく。知識と記憶力は、断然、コンピュータのほうが優れているし、Siriも優秀だ。日本は異常にクイズ番組が多いけれど、なぜクイズ番組をやってきたかというと、受験勉強がほとんど「パターン暗記」だからだ。思考力を問うと言っておきながら、思考ツールとして覚えた解法のパターンを何個まで繋げられるかというレベルの話である。その繋げる個数なんてたかが知れているから、思考力問題に見せかけたクイズがほとんどになっている。

そうすると、クイズはコンピュータのほうが絶対得意で、「第16代アメリカ大統領の名前は?」と言ったら、一瞬で「リンカーン」と出てくる。つまり、人が考えたことのある問題は、必ず答えが出てきてしまう。「この都市の名前は？」と写真が出てきても、画像検索すればすぐにわかる。

そういった、「ウィキペディアを調べれば十分な知識」というのは、持っていてもあまり意味はない。ただし、ここで重要なのは、完全に覚えている必要はないけれど、すぐにググれるくらいの知識量は持っておかなければいけないということだ。つまり、1回は頭に入れたほうがいいというレベルだ。

■人間にしかできない「おぼろげな想像力」

暗記するためにノートにひたすら書いたり、何回も唱え続けたりすることはないけれど、ざっくりとフックがかかっている状態、おぼろげにリンクが付いているような状態が、これからの時代に理想的な知識の持ち方だと思う。

これはどういう仕組みで、思いつきから実装までたどり着くことができるのか、ということさえ押さえておけば、個別の細かいところはその都度調べたりしながら作ることができるということだ。

この感覚は、これから必要な創造性にとって、もっとも重要な状態になっていると思う。つまり、「2つのものが抽象的なイメージで合わさったら、どういう答えになるんだろう?」というように、おぼろげなものが重なることによって、人間にしかできない想像力が出てくるのだ。

たしか荒俣宏《あらまたひろし》氏が、「創造性というのは、忘れる能力にかなり依存する」というようなことを言っていて、確かにそうだと思ったことがある。問題設定が明らかならば、忘れる能力も重要だと思う。なぜなら、問題が立っていれば、「これらを組み合わせれば、対象が解ける」ということがわかるけれど、本当の創造性というのは、「複数のものを使って問題を解く」というところより、問題自体はなんだったか、ぼんやりしたところから見つけてくる能力だからだ。

■一度覚えて、一度忘れる

あらゆるものを、「ググればわかる」というレベルの状態で頭の中に保持しておく知識の付け方がすごく重要だ。そのためには、「一度は自分で解いてみたことがある」という状態がベストで、「ただ、頻繁に使用してはいないから、あまり詳しいことはわからないんだけど……」という状態が実は理想なのだ。

専門的なことは一度すべて大学で習ったり、専門書を読んだりしたことはあるけれど、完全には覚えていない、というフックがかかった状態を目指そう。

僕が大学の1年生のときに、大学の先生に言われたことも、「大学で一度フックを付けた知識は、研究で使うようになると、調べればすぐわかるから」ということだ。

必要なときに調べてもう1回練習すると、普通に2、3日で使えるようになったりする。僕の場合は、基礎数理は覚えておかないとそもそもの数式が読めなくなるから、基礎数理さえ身に付けておけば、細かい数式はあとで調べながら論文を読めば、すぐ追いつく、ということにしている。

そういうようなことを、すべての人が考えないといけない世の中になっていくだろう。だから知識のフックをなるべく作っていって、完璧に覚えてクイズ番組に出る必要はないけれど、それによって問題を解決したり、新しい問題を見つけたりする程度の柔らかさで知識を持つことが重要だ。

「Siriさん、僕は次、何をしたらいいでしょう？」という問いには答えてくれないけど、「○○って、なんだっけ？」という質問には答えてくれるのだから。

■ 特徴を見出す力

現に、人工知能でディープラーニングが出てきて、ここですごく重要だったことは、複数の機械学習層をわたっていくと、抽象化した特徴量というものが出てきたことだ。今まで、機械学習は特徴量を人間が定めるのに独自のノウハウが重要だった。

しかし、ディープラーニングでは、その特徴量を機械が定めてくれるために革新的だと言われている。

私たちも深層学習のようなもので動いているわけだから、おそらく人間が持っている能力のうちで重要なものは抽象化して特徴量の差を捉える能力なのだろう。抽象的なものとしてそのあらゆるジャンルの特徴量を持っていると、想像力の引き出し方が非常に充実するだろう。

スペシャリストとジェネラリスト

粘り強さを見るためのスクリーニング（ふるい分け）に、時間を費やす意味はない

前項でも述べたように、クイズというものの意味がなくなってきている。しかし、「フックをかけておくこと」には意味がある。

そして、フックをかけておく機会は、実は受験勉強くらいしかないということだ。あらゆるものにフックをかけるためという意味では、センター試験だって重要になると思う。

そして、受験勉強を楽しめるタスクや能力というのも、最低限身に付けていたほうがいい。あらゆるものにフックをかけながら専門性を磨いていくと、もっとも多角的な人材ができて、コンピュータに代替されにくくなる。専門として1つのものに重点的に時間をかけてしまうと、専門の部分で負けたときに優位性がなくなってしまうので、そこは注意し

なくてはいけない。

■スペシャリストであることが大前提

専門性がある人、つまりスペシャリストと、バランスよく知識を持っているジェネラリスト。そのバランスが重要だ。ジェネラリストに価値があるかといったら、全然価値がないといえるだろう。

スペシャリストであることは、これからの時代では大前提で、スペシャリストになるから受験勉強にも価値があるわけだ。この順番を間違ってはいけない。ジェネラリストであるだけの人は、クイズ番組に価値がなくなるのと同じで、生き残っていけない。そのバランスを取るのがすごく重要だ。

ある1つの分野がすごくできる人というのは、ある程度のタスク処理能力があるので、意外と別の分野をやっても上手にできたりする。要するに、受験勉強プラスアルファをするという感覚だ。

受験勉強の知識そのものが役に立つのではなく、誰かと会話をするために知っておく必要だってある。そういう価値観で捉えると、受験勉強的なことは意外と楽しめるかもしれない。

ただ、それで進路を選ばされているというのは間違いだ。それは、問題を作っている側になるとわかるのだが、試験問題は単純にクイズでしかない。

採点だって、徐々にコンピュータがしている。パソコン入力で入試問題を答えてくれれば、今すぐにでもコンピュータですべての採点ができる。手書きで採点するから、余計なインターフェイスが入ってくるだけで、みんながパソコンで入試問題に答えてくれれば、それで十分だ。ＴＯＥＦＬやＴＯＥＩＣもそうだから、そういったコンピュータで採点できるものは、フックをかける機会として捉えよう。

トップ・オブ・トップ

民主主義社会をハックするためのアクセス権を持つ

資格を取ろうとする人がたくさんいるけれど、資格は最低保障のものだ。要するに、最低限、合格だった人たちということをイメージさせるものが資格であって、最低ラインで合格だった人から中流くらいの人までの仕事は、これから先コンピュータがやっていくだろう。

重要なのは、その業界でトップレベルかということだ。資格を取るようなレッドオーシャンの分野では、トップを目指さないと意味がなくなってくる。

せっかく資格を取っても、トップじゃないところにいたら意味がないので、何かしらニッチなことでもいいので、まずはトップにならないといけない。つまり、資格を取って最低限を保障したあとは、そこから賞を取って、「トップであることを示せ」ということだ。それを目指していかなくてはいけない。

■全員がトップになれる戦い方

こういったことが、コンピュータが労働をするようになってくると、ますます増えていくことになる。トップ・オブ・トップにならないと意味がないのだが、それは別に99パーセントの人に「死ね」と言っているわけではなくて、100人いれば100通りのトップの取り方があるということだ。

わかりやすい例でいうと、ニッチな賞やニッチな栄誉は、探せばたくさんある。ニッチな栄誉をもらっていれば、とりあえず居場所は確保される。

そして、「世界的に優秀な賞をもらった人」と、「日本で優秀な賞をもらった人」の違いは、大は小を兼ねる面もあるけれど、日本で賞をもらった人は、「じゃあ、日本のローカライズなら任せてください」と言えばいい。これだけで十分に強い。だから、トップを取れというのは、必ずしも無理な言い方ではない。

それは、いろいろなところで言えるだろう。

すごく偉大な賞をもらった人が、日本のビジネスに強いかと言ったら、そうでもないし、特定の業界でしか通用しないところでもらった賞のほうが、その業界では強いかもしれない。要するに、強い順にタテに並んでいるわけじゃなくて、種類順にヨコに並んでいるわけだ。

■最低保障で安心してはいけない

何らかの分野で1位になる、もしくは、ニッチを制するということは非常に価値がある。

文学を例にとっても、ミステリー大賞を取っている人と芥川賞を取っている人だったら、芥川賞のほうが権威もあって厳しそうだけど、ミステリー大賞を取っている人のほうが謎解き好きには需要がある。あるいは、「このマンガがすごい！」賞のほうが、もっとたくさんの読者を集められることだってある。

それがさらにニッチでもいい。

たとえば、観光マニュアルランキング1位は、芥川賞に比べてどういう価値があるのかといったら、観光マニュアルを芥川賞の人に書いてもらおうとは誰も思わない。

そういった中で、そのニッチの1位を取るほうが、「一部上場企業に勤めている人」や、

「弁護士資格を持っている人」と比べて生き残りやすいかもしれない。それを意識していかないと、シンギュラリティ的には、ほとんどがコモディティ化してくるので意味がなくなってしまう。

トップ・オブ・トップを目指し、でも、トップ・オブ・トップが必ずしも難しいわけではないという世界になっていくのだから、「最低ラインを保障する戦い方はやめよう」ということだ。

それが、前章でも述べた「ブルーオーシャン」の狙い方の一つだ。

ウサイン・ボルトになるのはすごく大変だけど、もうちょっとマイナーな競技はあるわけだ。しかし、どちらもオリンピックの金メダル。そして、マイナー競技だから食えないかといったら、マイナー競技にはマイナー競技なりの人数の少なさゆえの生き残り方があるはずだ。

第 3 章

超AI時代の「生活習慣」

人間特有の「身体性」から生活スタイルを考える

ストレスフリー

ストレスの原因となる多くは、自分で決めたルールや仕組みに基づいている

僕は研究室で、「ストレスフリーな人間になろう」と、よく言っている。もしストレスを感じない人になれたとしたら、すごく理想的だと思っていて、すべての悪習はストレスが溜まっていることが原因で起きているのではないかとさえ感じる。

それなので、なぜストレスが溜まるかについて僕なりに考えてみたら、それは「主体性」というキーワードにつながった。つまり、主体性を追い求めすぎるとストレスフルな状態になるということだ。古代中国の老荘《ろうそう》思想などでも言われていることだが、「無為自然な感じに生きる」というのが最もストレスを感じない。それでは、「無為自然」とは何かといえば、それは「自分が主体的だと思わない」ということだろう。

そうした考え方を意識して獲得しておかないと、現代社会はものすごくストレスフルで、ここまで何度も述べているように、70億分の1になれないとストレスが溜まってしまうというような環境だから、この世の中にはストレスが溜まる人しか存在しないことになってしまう。

しかし、そういう環境から逃れる考え方ができると、ストレスはウソみたいに減らせることができるのではないだろうか。

■ストレスの増減を捉える

そこで、ストレスを解放するための方法を考えてみたいのだが、それに必要なのは、第1章で説明をした「ギャンブルと報酬」がポイントになる。つまり、もしあなたが仕事で溜まったストレスを違うことで発散していたとしたら、その生き方は間違っているということになる。

理想的なのは、仕事で溜まったストレスが仕事の中で報われて、仕事の中でストレスから解放されるということだ。つまり一つの中で閉じてしまえばいい。

まずやるべきことは、仕事の中で「ストレスが解消できる場所」と「ストレスが溜まる場所」をリストアップすることだ。

たとえば、僕のように研究をしていると、日常でストレスが溜まるのだが、研究成果が認められれば非常にラクになれる。無意識でバランスを取っていたとしても、それを一度明確にすることをおすすめしたい。

■「勘違い」によるストレスはなくす

また、よく言われることだが、「他人と比べない」というのも重要なことだ。おそらく、「みんなは遊んでいるのに、自分は仕事をしている」という状況は多くの人にとってストレスを感じるだろう。それはやはり比較のしすぎが原因であって、クリスマスに仕事をしているとすれば、それは「クリスマスは遊びに行くのが普通だ」と思っているからストレスが生まれるのだがその逆だってありえる。

昔、僕は大晦日に研究室でずっと研究していたことがある。普通ならば、「大晦日くらいゆっくりしたら?」や、「正月には実家でおせちでも食べたら?」と思うかもしれない。それは、みんながそうしているのが当たり前だと思うからストレスが溜まるのだが、そのときにふらっと中国人の留学生が研究室にやってきた。

僕が、「家でゆっくりしないの?」と聞くと、「え、1月1日は平日ですよ」とさらっと答えた。

そういえば、中国人にとって1月1日は平日だ。日本人にとっては1月1日が平日ではないから、働くことが「ストレスフルだ」と勝手に勘違いしているだけで、それは風習によって違うだけなので、自分には自分の風習があったっていいわけだ。

「中国では今、みんな働いているのか」と考えただけで、まったくストレスはなくなった。

そういうことは、おそらく他の様々なことでも言えるだろう。

今はストレスフルだと思っていても、別にそれは他人と比べたことによって出てくるストレスなのか、単純に肉体の疲れなのかは、分けて判断できるはずだ。ストレスの出所を、一歩引いて考えてみなくてはいけない。

身体性能のみでしか、人間は機械に肉薄できない

ストレスの話に関連させると、健康はすごく重要なテーマになってくる。僕は学生からよく、「今のうちに何をしておけばいいですか？」と聞かれるのだが、決まってそのときは「筋トレ」と答えるようにしている。別に筋トレに限らなくてもよくて、運動全般でもいい。ちなみに僕は、朝起きてから腹筋をするのが日課で、週1、2回ほどは朝7時からジムに行く。

今、どんどん便利になっていく世の中で、「体をどうやって鍛えるか」ということは、意識的にならなくてはいけないことだ。「体が資本だ」とはよく言われることだが、体を動かさないと脳の働きは悪くなるし、これは人間とコンピュータを比べたときのかなり大

きな特徴である。それなので、「体をよく動かしましょう」というアドバイスは、間違いなく残り続けるだろう。

■ツールを使いこなして体を動かす

体の調子が悪いと、脳の機能も崩れる。しかも、健康なときにはそのことに気がつかないので、日ごろから体のメンテナンスはしておかなくてはいけない。これまで私たちは、勝手に半分が頭脳仕事（デスクワーク）、もう半分が肉体労働（通勤や外回り）という状態になることができたと思うが、ますます意識しないと体を動かさなくなってくる。

デスクワークといっても、表に数字を埋めていく作業だと、大して脳を使っていなければ、体を動かしてもいない。けれど、これからの私たちは、コンピュータに解けない問題を脳で解かないといけなかったり、コンピュータにできない運動を人間の手でやらないといけなかったりと、頭と体のどちらかを重点的に使わざるをえなくなってくる。中途半端なホワイトカラー的な仕事はコンピュータにやらせて、そこでないところで戦っているわけだからだ。

そのためには、脳と同じくらい体も鍛えておかないといけなくて、だから逆説的に「みんな運動をしよう」という当たり前の話に落ち着くわけだ。

「ポケモンGO」のようなギャンブル的な「位置ゲーム」は、これから増えていくと思うし、そういうツールを適宜使って、自分の中でどこまで運動ができて、どこまで報酬があればいいのかを理解しながらやっていけばベストだろう。

ゲームでなくても、Apple Watchを着けているだけで1日の運動量はわかるし、毎日ちょっとずつやったことがコレクションとして見えると楽しく感じてくる。そういうツールを使ってなるべく体を動かしたほうがいい。

最初の質問の答えを補足すると、「デジタルツールを使って運動しよう」ということになる。やった結果は目に見えたほうがいいし、運動する中で出てくる「自分の報酬系」、つまり「何をしたら自分は嬉しいんだろう？」ということを客観的に知るべきだ。

それがわからないという人も、きっと「タイトなジーンズを穿《は》きたい」や、「通勤時間をあと3分短くしたい」など、目的を考えればいいだろう。

自傷行為と遺伝子レベル

成熟社会にとって最も崇高なことは、自傷行為なのかもしれない

自傷行為は、「これは自傷行為だな」と自覚していれば、別に自傷行為でもいいと思うことがある。たとえば、喫煙行為は緩慢《かんまん》な自殺だし、アルコールも緩慢に体を痛めつけている。シャブになってくると急激な自殺だと思うが、それがどのくらい影響を及ぼしているのかを考えながらやる分には、そんなに悪くないような気がする（もちろん法律違反はよくないことだ）。

しかし、たまにタバコを吸うという人は少数であることからもわかるように、アルコールだって年を取ってくると晩酌がクセになってくる。

酩酊《めいてい》状態のほうがアイディアが出てくる人もいたり、タバコを吸っていると、アルツハ

イマー病が減るというような研究結果が出たりするので（神経系の病気に効いたり効かなかったりする）、意識的に考えながらやってくれればよい気はする。

■あえて壊すメリット

機械はそういった行動を取らないと思うけれど、人間は身体性を持っているがゆえに、そういう薬物を体に入れることで、普段と違った壊れた状態になることができる。その「壊れた状態でしか生まれない何か」というのは確かにあるだろう。お酒を飲むと本音がポロッと出てしまうというのもそうだ。

「あえて壊す」ということは実は重要であって、あえてじゃない状態で壊れていると、何も意味がない。「たまにはいいよね」という話をどうやれば正当化してあげられるかという話だけれど、「あえて壊す」「あえて変わった状態にする」ということが、人間の特徴としてあるということは覚えておきたいことだ。

逆に言うと、あえて壊しているから、壊れた状態で止まらなくなってしまうとまずいので、「中毒性がないことをしよう」とも言うことができる。暴飲暴食なんかも、極めて自傷行為に近い。

たとえば、ラーメンは中毒性が高いと感じる。ラーメンに限らず、高コレステロール、高タンパク、高油脂なものは、すごく中毒性が高い。

もしかしたらこれは、氷河期の人類が脳に刻み込まれた「不必要なもの」の一つかもしれない。たとえば、ちゃんと出汁を取るなどして技巧を凝《こ》らした食事と、単純に高塩分・高コレステロール・高炭水化物・高エネルギーな食事、この2つに対する人間の欲求は、まったく違うものだろう。後者のほうは、氷河期の飢餓時代に、どうやったら体に脂肪を取り込めるかという問題に起因しているので、遺伝子レベルで中毒性が高いわけだ。

■「遺伝子レベル」を意識する

マスメディアなどは、そういうものを率先して刺激してくるけれど、「これはきっと脳が欲しているだけだ」と考えてみると、食欲がある程度は抑えられたりするかもしれない。

ただ油に絡まって、しょっぱくて、炭水化物が含まれていたら、それはうまいに決まっている。さらにタンパク質が入っていれば最高で、それは焼肉とご飯とか、ラーメンとチャーシューとか、寿司だったら大トロがまさしくそういう系の食べ物だ。ソフトクリームやパフェ、ハンバーガーなども、私たちが遺伝子レベルで好きなものだろう。

それに対して、遺伝子レベルで好きそうでないもの、たとえばサラダは、ビタミンは取りたくなるだろうが、遺伝子レベルではきっと中くらいのレベルだと思う。なので、このギャップを承知した上で、ラーメンを週一で食べるようにするという判断はすごくいい習慣だと思う。「今、自分は遺伝子レベルでこれを食べたいんだ」というように。

以前いた研究室に、料理を研究していた学生がいて、「油脂が入っていて、しょっぱくて、炭水化物が挟まっていれば、たいていの食い物はうまいに決まっていて、それでまずく作るのは難しい」と言っていた。

■他の報酬に置き換えられないか?

血糖値や回復のための食事の重要性は、知的トレーニングと同様の文脈で語られるようになるはずだ。サプリメントや完全栄養食みたいなものが、テクノロジーによって大量に出てきて、「それだけ食べていれば健康になれる」という食事もたくさんある。

たしかに、「科学の力で食べ物を食べられるようになったんだから、それをしっかり使って、なるべく偏らないようにきれいに栄養を取ろう」というのは間違いないとは思う。

けれど、先ほど述べた暴飲暴食やカロリーの高い食事のように、「体によくないけれどあえて意識した上で食べる」という行為も重要なのかなと思ったりする。つまり、「理性で食べる」ということだ。

理性でごはんを食べられれば、誰だって全員がダイエットに成功できると思うのだが、実際はそうなっていない。それは、人間は「メタ的な視点で考える」ということが上手にできていないからだろう。

つまり、何度も述べているように、「これは脳が欲しがっている食べ物だから、少し甘いものでごまかそう」や、「ごはんを食べに行く代わりに、今日は1日中スマホで遊んでいいことにしよう」など、他の報酬で置き換えるということができるかどうかだと思う。「他の報酬に置き換える」というのは、たとえば、夕食の時間に映画を観に行ったら、物理的に夕食が食べられない。

ここでも、「報酬」という言葉がキーワードで、これがきちんと意識できていないからバランスが狂ってしまうのだと思う。要するに、体に関わることは、「アメとムチ」で動くのだ。

コンプレックスと平均値

何が自分にとって「エモい」のかを知っておく必要がある

コンプレックスとは、マイナスのエモさ（感情の揺れ動き）だと考えている。つまり、マイナスの方向に心を引っ張られるポイントだ。しかし、このコンプレックスを意識することで、自分の心がある程度制御できるようになっていくはずだ。

世の中は、化粧品をはじめコンプレックスビジネスばかりである。そういうものに流されないためにも、「何が自分のコンプレックスなのかを知っておく」ということはキーワードになってくる。そして、「隠さない」ということだ。

コンプレックスには二種類ある。

1つは、「強い憧れがあるけど、それが達成できない」というパターンと、もう一つは

「他人からみて劣っている」というパターンだ。

まず、前者の憧れからくるコンプレックスは、実は無意味であって、人間はやはりできることしかできないから、できることだけやればいいだけの話ということになる。憧れてもいいが、それをコンプレックスに感じる必要はない。

■美人は「究極の普通」

もう一つの「他人からみて劣っている」というのは、平均値と比べて低いことによるコンプレックスなわけだ。それも、「そこで戦わなければいい」という方法で解決できると思う。第1章で述べたように、これから私たちが戦うべきなのは、「ブルーオーシャンを探す」という方向なので、それがきちんとできていると、コンプレックスには出会わないはずである。つまり、レッドオーシャンで戦おうとするから、コンプレックスが出てくる。

20世紀は平均値社会だったので、平均値が高い個体であることがすごく重要だったのだが、私たちの平均的なことは、何度も述べているようにすべてコンピュータがやるようになってくるので、むしろ、ピーク値が高い人のほうが重要になる。

そうすると、劣っていることがあっても、コンプレックスを感じる必要はなく、昔よりは感じなくていい社会になっていくであろう。

また、化粧品がコンプレックスビジネスと最初に述べたが、実は美人の顔は平均顔が多い。つまり、人間の顔を平均化していくと、美人になっていくのだ。

ということは、美しい顔は平均値なので、「平均値を意識することがない社会になっていく」のだから、それを気にする必要もなくなってくるということだ。フェイスブックなどを見ていて、美人の女性とイケメンの男性が結婚して子どもができると、すごく普通の子が生まれるなと思うことがあったが、きっとそういうことなのだろう。

ファッションと平均値

知能でなく身体性に固有値があるのなら、外見には気を使うべきだ

前項でコンプレックスと平均値の話をしたが、そうするとなるべく平均値にならないようにしたほうが賢い。いわゆる自分らしさを出したほうがいいのだが、それは第1章の「人間性」のところで説明したように、世界レベルではなく、コミュニティの中での自分らしさということだ。

世界的に見て「自分らしい服」というように考えると、おそらく服を見つけるのが難しくなってしまうので、普通に何も考えずに感覚で選んでいったら勝手に周りからみて個性的になっていく、ということが望ましい。

今、私たちは誰か他人と照らし合わせて似たような、それでいて違いを出すという高度

なことのように服を選ぶ。しかし、それは先ほどの「コンプレックス」の話と同じで、平均に陥ってしまう。

なので、そういう周りと合わせることを考えなくなると、実は簡単に個性的な見た目になるし、その見た目について文句を言われることもないのである。

■勝手に個性は出てくる

まずは流行を気にしないことだ。それに、他人に「浮いている」と言われても、別に気にしなくていい。それなので、自分が好きな服を買えばいいし、他人が買ってきた服は着なくてもいい。単純なことだが、そういうことの積み重ねがすごく重要だ。「遊び」の話と同じように、好きなものだけを集めていけば、おのずとその人らしさは表れていく。

そうなると、その人の頭の中がファッション誌でできているのか、もっと違う個性でできているのかが、一目でわかるようになるかもしれない。ちなみに僕は、デザイナーのヨウジヤマモトが好きで、それをずっと着ている。それも、流行だからというわけではないし、彼の作品を見ていると、作りたい服を作っていると感じるので、彼自身が流行を気にしたことがないのだろうと思う。

特に日本人は、人の目を気にしすぎだと言われているが、おしゃれかどうかは個人が決めることだ。それに、多民族国家になったら、それこそ人によって似合う服がまったく違ってくる。

もし今、服を気にして選んでいる意識があるのであれば、それは自分が気にしているだけで、他人はそこまで気にしていないと思ったほうがいい。

結局は選択肢の中からしか決められないし、無理に「自分らしさ」とかを探さずに、自分が何が好きかという基準で単純に選んでいけばいい。そうして「変だ」と思われるのではなく、「それがその人なんだから、それでいいじゃん」となっていくだろう。

コミュニティからの友達探し

人と機械の区別がつかなくなる中で、親近度が低い「物質の友人」は必要だろうか

昔は、友達を作らないと友達ができなかった。そういうと変な表現になるのだが、今の時代は最初にＳＮＳで繋がってしまって、そこから友達を選んでいくということが起きている。つまり、誰かからの紹介があって、少し話をしてみて、そこから友達になっていって連絡が取れるようになる、という流れが少なくなってきているのだ。

「連絡先交換をしてから友達になる」というのはすごく重要なことで、そうすると、薄く広い友達はすごい勢いで増えていく。

僕はフェイスブックの友達が４３００人ほどいるのだが、本当の友達は減少傾向にあると感じている。

昔はコミュニティ1つにしか帰属していなくて、その中で友達を選んでいたので、友達の濃さは異常に高かった。けれど、今はコミュニティが複数あって、サークルや大学、会社の知り合いをそのまま引き連れたまま年を取っていくので、小学校時代の友達とも切れずに繋がったままだったりする。

そうなってくると、全員がゆるく友達ではあるけれど、親密な友達はなかなかできない。友達になれるような友達というのを、そこから見つけてこないといけないわけだ。

■友達探しを意識する時代

私たちは、友達探しを継続的に意識してやっていかないといけないということになっている。フェイスブック上で親しく見えても、現実には親しくないかもしれないし、友達の基準も人によってバラバラだろう。一緒に飲みに行けるくらいが友達なのか、一緒に旅行に行けるくらいか、お金を貸してくれるくらいなのか。それで友達ランキングは大きく変わってくるのではないだろうか。

ちなみに僕は、親しい友達は少なくて、遊びに誘う友達はほとんどいない。けれど、「パーティやるから、来てよ」と言える友達はものすごくたくさんいる。逆に、一対一で、

「ごはんを食べに行こう」と言える友達は10人もいないかもしれない。

フェイスブックで4300人いて、そのうちの10人だから、どこを増やさないといけないか、減らさないといけないのか、ということを考えて連絡を取り続けることが大事だ。友達付き合いに「目的」が必要かどうか、ということがよく聞かれる。

エリート階層の話をすると、たとえば医者だったら、東大医学部を出ている人たちの集まりだけでその業界の話が決まってしまうことがあるかもしれない。ビジネス上の友達といったら変だが、ある業界について考えたときに、友達だけで決定権が決まっていたりするわけだ。

世の中、極めて少ない人数で決まっていることがすごく多くて、起業家のコミュニティも村みたいだし、投資の世界や政治家、弁護士、あと僕のいるアカデミックの世界だってそういうところがある。自分が帰属しているコミュニティの友達は仕事にも直結するので、いわゆる友達とは分けて考えなくてはいけないのかもしれない。これは、インターネット時代特有なことだろう。

自動運転と移動コスト

土地の価値は、人の移動が民主化したときに大きく変動する

自動運転が本格的にはじまると、家や土地はあまり意味がなくなってくるだろう。たとえば今でも、大物芸能人は都内に住まずに、わざわざ館山や鎌倉のほうに住んでいたりする。都内から離れたところに豪邸を建てて住むのは、テレビ局の車が迎えに来たり個人で運転手付きだったりするので、本人にとって移動の苦痛がほとんどないからだろう。

そして、おそらくこの概念は、自動運転がはじまると、より一般的に強固になっていくと思われる。つまり、家から会社までの出勤が非常に楽になるからだ。

そうすると、家や土地の場所は、どこでもよくなる。移動コストはどんどん安くなるので、安くて広い家に住んでもまったく問題がないわけだ。

■「自動運転」が変える家選び

それを考えて時代の変化に敏感であろうとすると、今は過渡期だから都内に家を買うのは間違いで、山手線内くらいになると便利だけど、「そうじゃなくなる時代において、果たしてそこに住んでいるのが幸せかどうか」は、もう一度考え直してから家を買ったほうがよい。

じゃあ、「自動運転の時代が来るから、郊外に家を買うべきか？」と言われても、まだそうは言い切れないので、「将来引越してもいい態勢をとっておきましょう」くらいがベストな答えじゃないだろうか。

そうすると、「30年間はここに住む」なんて考えはしなくてもよくなるし、もっと自由に様々な選択肢で住むところを選んでもいい。とにかく、「出勤にも便利だし、買い物にも便利」という決め方に意味がなくなってくるということだ。

■物理空間と移動コストのバランス

完全自動運転になったら、かなり通勤コストは下がるから、電車での移動はほとんどなくなるし、暮らしは劇的に変わるだろう。終電という概念もなくなる。

個人的な話になるが、僕は秋葉原に住んでいるのだが、もう少し郊外で広いコンクリ打ちの家に住みたいという欲求がある。

それと、僕が在籍している筑波大学は茨城県の郊外にあるわけだが、これは移動時間よりも広さのほうを重視している結果だ。

情報空間の空間サイズは自由に変えられるが、物理空間の空間サイズを変えることは難しい。それゆえ、移動時間の方の効率化・移動の自動化を行えば、実験可能な広いスペースやのびのびとした空間の使い方を求めるようになるのではないだろうか。

広義の投資

変動しない財になっているものや浪費されていくものは、今後価値を持たない

「老後」というのは退職を前提とした言葉なので、これから先、意味をなさなくなると僕は思っている。なぜなら、ワークライフバランスからワークアズライフになる中で、企業から抜けたらそこで職が終わるということにはならないからだ。

今、将来が不安だといって、「貯金するか、保険にするか」というのが重要なキーワードだと思うのだが、保険をかけていれば、「もしものときには備えてあるので、大丈夫です」というように貯金はしなくてもいいかもしれない。

ここで老後という概念があると、働かないことが前提になるので貯金は大事になる。けれど、死ぬまで働くとするなら、老後という概念はなくなる。

保険だと、予期せぬリスクに備えるわけだから、失業したら失業保険、体調を崩したら健康保険というものがあるわけだが、それでカバーができるのであれば、貯金はいらないという考え方はありだ。

そもそも貯金は何に必要なのかと考えてみると、だいたいは子育てか老後だ。要するに自分の問題じゃなくて、家族の問題なわけである。

子どもと老人という、弱者のためにお金を貯めているので、大きな買い物も分割で済ませられるし、一括性がなくなった社会では保険でリスクは減らせる。

■お金を滞らせてはいけない

お金を使うときに「投資」という概念があったほうがいいだろう。それは、株式投資やFXなどではなく、広い意味での投資だ。人にごはんをおごることも広い意味での投資だ。だから、自己投資にどんどんお金を使っていいだろう。

貯金という形でプールしてしまうと、増えもしないし減りもしない。自分の能力やチームにお金を使えば、それは増えているようなものだ。

その意識がなく、ただ無自覚にお金を貯めると、それは時間もお金も滞ってしまって、何も生み出さない。

だから、そのスタンスは変えたほうがいい。

今の時代、それはより顕著だ。昔であれば投資はせずに、せっせと貯金をしておくか、家を買ってローンを返していけばよかったのだが、今は人生で何回、仕事を変えるかわからないし、どこに住んでいるかもわからない。

一生ある仕事をするわけではない時代なので、自分に投資して、仕事を変えていくというのもキーワードになるだろう。

趣味としての子育て

子どもは人間が作れる最高のディープラーニング環境だ

先のことを考えたときに、若者の数が減っている問題は避けられない。ただ、子育てをするという必然性がないのは事実だ。ある意味、子育ては一番コストのかかる趣味だとも言える。それなので、子どもがたくさんいるのも普通だし、子どもがいないのも普通ということになっていくだろう。

そうしたときに、子育てに何が残るかといったら、「義務としての子育て」より、「趣味としての子育て」ではないだろうか。「趣味としての子育て」と考えると、すごく楽しいと思う。つらいことも多いけれど、時間をたくさんかけるであろう。

それは、この本でずっと述べている「報酬」の話で、子どもがいて楽しくてテンションが上がって仕事も楽しくなるならそれでベストだということだ。

■この子は何をすれば喜ぶか？

「趣味としての子育て」とはいえ、いわゆる教育熱心ではないほうがいい気はする。

僕は幼い頃、自発的に習い事をやっていた。それで、自分で「やりたい」と言ったものしかほとんど続かない。やってみないとわからないことばかりなので、子どもが少しでもやりたいことは全部やらせて、辞めたかったら辞めさせればいい。

今の時代、向いていないことをやってもしょうがないというのは、幼い頃からそうするべきだ。

ここまで散々言ってきたように、私たちは平均値ではなくて、ピーク値を高めることが重要だから、それを見つけるほうに時間を使ったほうがいい。

そして、「この子は何をすれば喜ぶのか？」ということを知っておくことも重要なファクターで、子どもの報酬系を押さえているのはとてもいいことだろう。テレビゲームが好きだったら、テレビゲームの要素を分解したら、他のものに置き換えられるかもしれないし、習い事で報酬系を得るくらいまで行くには、割とトップのほうまで行かないと厳しいので、それを把握して褒められるようになれば、あとは放っておいても勝手にやるだろう。

■勝手にやるまでのお膳立て

親ができることと言えば、「放っておいても勝手にやるようになるところまで、どうやってもっていくか」ということではないだろうか。「放っておけば、あとは勝手にやる」というところまでお膳立てしてあげれば、あとは自分で試行錯誤するようになる。

その興味の矛先は、インターネットの向こうから見つかることが多くなってくるので、最低限、調べたり勉強したりということさえ教えればいい。

だから、「何をしたら嬉しいのか?」ということをゲームのようにしてあげることが重要だ。

「勉強好きな子」というのがいる。しかし、ほとんどは勉強そのものが好きなわけではなく、勉強をしてやったページが増えていくのが好きなのか、勉強してわかる瞬間が気持ちいいのか、勉強をしてテストの点が取れることが気持ちいいのか。それは、第1章の「報酬」の話で述べた、ギャンブル的・コレクション的・心地よさ、という3つの基準で説明ができるはずだ。

エピローグ——ユビキタス社会からデジタルネイチャーへ

「ヒト」を再定義する

今、この時代はテクノロジーの時代だと思う。ボストン・ダイナミクスのAtlasは雪原を歩行し、グーグル直下のディープマインドは、ディープラーニングを用いた知能拡張の仕組みを日々更新し続けている。生物をコーディングするCRISPR-Cas9の研究は盛んであり市販品のVRキットは市場に溢れはじめている。

可能世界はいくつも描けてしまう。計算機身体が人のように動き、知的ゲームを人と楽しみ、遺伝子というプログラム言語のコンパイラーが流行し、個人の五感が包括されつつある。

以前、上梓した『魔法の世紀』（PLANETS）の最終章で僕は、人間中心主義の脱構築された世界、計算機自然：デジタルネイチャーについて述べたが、この世界はまさにテクノロジーのイデアを基軸にして人を脱構築しようとしている。

　１９７４年、21世紀を前にしてメディアアートの父、ナム・ジュン・パイクは〝Electronic Super Highway〟として将来発展するだろう究極の電信系＝インターネットについて語り、それが人にとっての次なる大きな踏み切り台になると言った。究極の電信系は、電信の意味を超えるだろう、という予測はセンセーショナルであった。インターネットという通信系が Highway という輸送系で表現されていることは１９７０年代の時代性を感じる。

　ユビキタス社会からデジタルネイチャーへ。今、私たちは１９８９年、ティム・バーナーズ＝リー卿から始まるウェブ文化を踏み台に、インターネット経済を発展させ、１９９１年にマーク・ワイザーの語ったユビキタスコンピューティングの時代、ＩｏＴの時代を超えて、次の世界に踏み出そうとしているのだ。それは人の踏み切り台ではなく、人間中心主義からその次のパラダイムへの踏み切り台だと思う。モノと人や環境と人といった人間－機械系の価値観が崩れようとしているのだ。物質（マテリアル）・実質（ヴァーチャル）・人（ヒューマン）・機械（ボット）の区別は希薄になりつつある。

テクノロジーの変化が私たちに求めようとしている事実は、おそらく次の4つだ。

1．身体はタンパク質コードによって記述された有機的機械である。

2．心はやがて人工知能によって実証され解体され記述され得る関数である。

3．五感を再構成することで個人やコミュニティによって違った現実を定義しうる。

4．計算機発展以降、ヒトは世界を観察し解釈を与えうる唯一知性ではない。

1981年、アメリカの社会批評家モリス・バーマンは著書『デカルトからベイトソンへ：世界の再魔術化』の中で次のように述べた。

マックス・ウェーバーが指摘するようにテクノロジーによって世界が脱魔術化された。しかしそのテクノロジーが専門化を繰り返し脱魔術化されていく過程を例示

デジタルネイチャー
Digital Nature

音楽を例にすると…

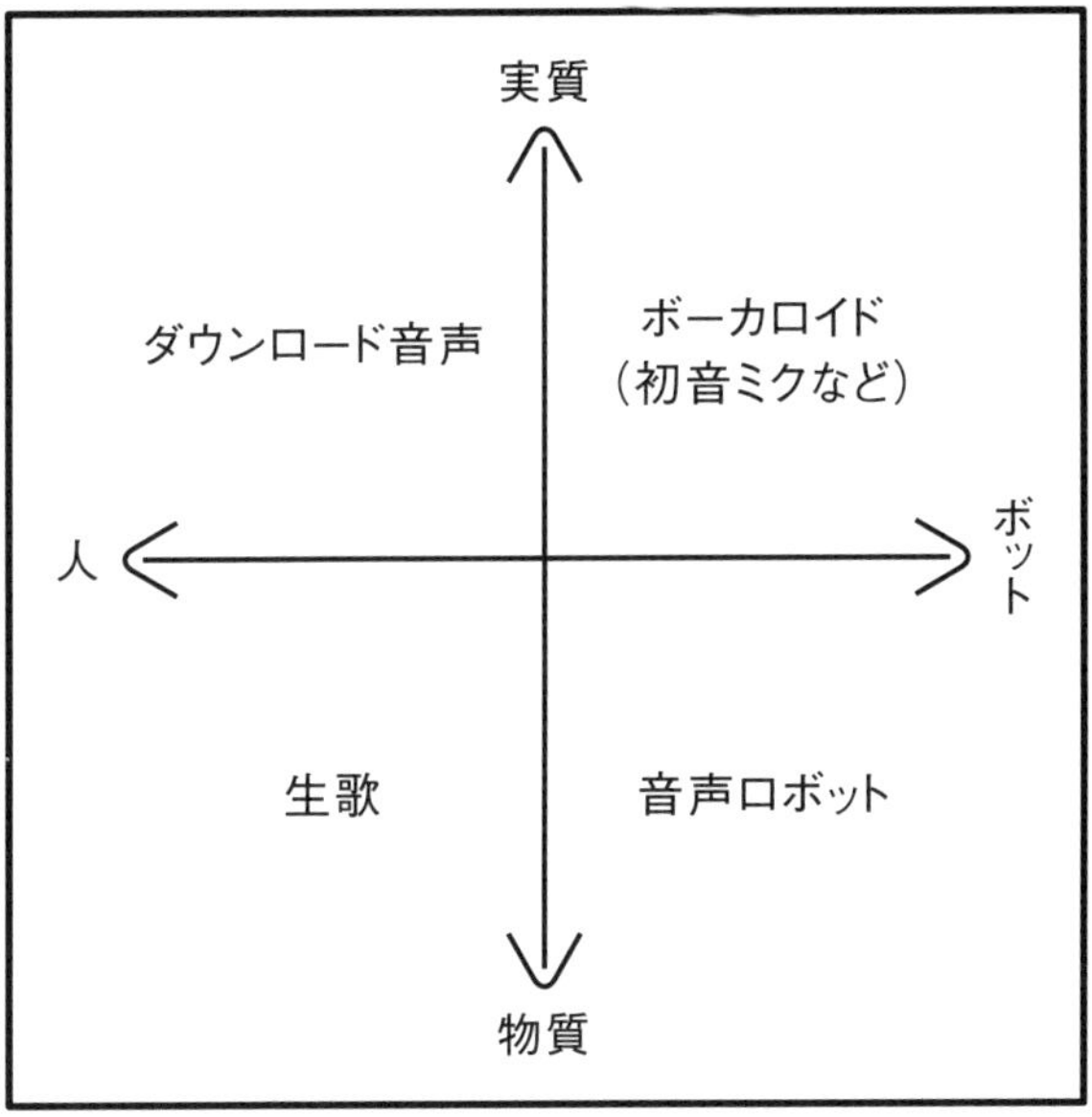

コンピュータの解像度と演算処理が上がると、
この4つの境目がなくなっていく。

||

デジタルネイチャー

し、デカルトのような人間中心知性主義から、ベイトソン的な脱人間中心、ヒト（心・体）モノ自然の関係性型世界観へ移行した。

僕が『魔法の世紀』の中で語った魔法とは、バーマンのいう魔術のことであり、「関係性を記述しうるもの」＝「計算機によるプログラミング」がさらなる魔術化を進行させた果てに、計算機定義の超自然がありうるという論だ。なぜ、今そういう議論が必要なのだろうか、デカルトの時代を振り返ってみたい。

神が死んだあとに残った「人間性」

デカルトが１６３７年、『方法序説』の中で語ったのは、キリスト教によって規定されていた哲学のパラダイムが、17世紀初頭のコペルニクス－ガリレオ的転回によって崩れ去ったあと、人間の知性を中心として哲学を再構築する人権宣言のようなものだと思う。その後にホッブズが『リヴァイアサン』を著したり、ジョン・ロックが社会契約説によって自由について語ったりしたのも、神託＝スコラ哲学以後の人間中心発想、そして活版印刷以後のイメージ共有型社会による発想に根差していると言えるだろう。人間のイメージを思想として形作り共有することで成り立つ社会だ。メディア装置は人のコミュニケーションに大きな影響を与える。

活版印刷のようなメディアの誕生、誰かの考え方を伝え共有し、その人々の頭の中のイメージとして共同幻想を持つことで社会を保とうとする時代、そんなイメージ共有社会は500年ほど続いた。そして最後の150年は、エジソンのキネトスコープから始まる映像文化によってマスメディアが強化され、20世紀を映像の世紀にした。そして、20世紀の大戦によって生み出されたコンピュータ技術は、21世紀をインターネットの時代に変え、イメージ共有社会からの脱却を生み出そうとしている。

この脱却はデカルト以後の最も大きな脱構築の一つだと思う。私たちはキリスト教の後ろ盾を失った哲学のように、人間性を失った先にある次の科学・哲学を構築する時期に来ている。

人はイメージや記憶の共有によって得られる共同幻想を捨てて、どこに向かうのだろうか。メディア論や芸術論自体も変わっていくのではないだろうか。映像の世紀のメディア論は、人間を中心に構築されたものだった。マーシャル・マクルーハンの「メディア論」は身体性の拡張に根差したものであったし、ジェームズ・J・ギブソンのアフォーダンス議論も身体や視点抜きでは語れないものだ。

しかし、現在私たちは身体を超身体化・脱身体化・合身体化し、「一人称的視点と向き合う自然」といった唯一知性観を脱した。それはテクノロジーの変化が私たちに承認させようとする事実の一つであり、インターネットが私たちに促すテクニウム（ケヴィン・ケリーが著書で提唱したテクノロジーの「生態系」を指す造語）的な変化、デジタルネイチャー化する計算機の自然圧力でもある。

貧者のヴァーチャルリアリティ

人間中心主義からの脱却をデカルト以後の最大の転換と言ったが、デカルト以前の私たちの世界認識を捉え直すため、宗教のことを思い出してみよう。原始宗教や宗教社会学については先に挙げたマックス・ウェーバーの貢献が大きく、著作も多い。原始宗教の定義については諸説あるが、「まじない（儀式・儀礼）」を共通幻想生成機として持つことが大きな特徴である。

私たちは洞穴や狩猟を行う小さな社会性と生と死が織りなす中で、原始宗教を生んだ。その後の農耕の発明はより大きな協調動作や暦の制定を促した。それにより大規模集落に統治機構や規範が必要になった。その中で私たちは占術やシャーマニズムを発展させてきた。

社会規模と宗教の教義の緻密さには密接な関係がある。キリスト教や仏教が一つのプラットフォームとして機能したのは、カール・マルクスの定義した上部構造、すなわち下部構造＝労働の裏返しとして成立したのではないか。つまり、上部構造と下部構造の関係だけではなく、下部構造の要求する仕様としての宗教、人の精神補完装置としての意味が大きいのではないか。それは「貧者にとってのヴァーチャルリアリティ」として語りうるものだったのではないかと最近、僕はずっと考えている。ジャガイモを「貧者のパン」と呼んだ論があったが、現実を自由に振る舞うことのできない人々にとっての現実が有史以来ずっと存在したのだ。

ここでいう貧者のヴァーチャルリアリティとは、自らが主体的に決定できない構造的弱者（例えば、為政者に対する農民）が、希望を持って生きていくための精神的支柱のことである。具体的には、例えば念仏を唱えることで極楽浄土に転生することや教会で聖書を読みあわせることによって神の国を想像することなどが、日々のつらい生活に拮抗《きっこう》するためのソフトウェアとして人々にインストールされていったのではないだろうか。

それらは、極めてヴァーチャルリアリティに似ている。リアリティを生きるために、実体の確認が不可能な死後の世界を提示し、それを想像の中で実体に近づけていく、ヴァーチャルリアリティを現実に対するフィルタとして作り出す方法だ。勧善懲悪な審判がやがてやってくるという色眼鏡を通して世界を見させることに成功すれば、それは為政者にとって都合のいい規範を作り出すことができる。

映像の社会の中では、マスコミュニケーション上のコンテンツで語られるドラマや映画みたいなファンタジーもヴァーチャルリアリティとして振る舞っている。つまり自分を現実から投射可能な世界だ。その意味ではディズニーランドも結婚式もヴァーチャルリアリティと言えるのではないだろうか。イメージを共有し作り出すための装置がイメージ内で完結するとき、それはヴァーチャルリアリティであり、その消費活動がもし何らかのプラットフォームと収益構造を生み出すならば、それは貧者のヴァーチャルリアリティになりうる。

映像装置と身体

1891年にエジソンが発明した映像装置キネトスコープが覗き込むタイプのデバイスだったのに対し、1894年にリュミエール兄弟が発明したのは壁に投影するタイプの映像装置だった。投影タイプの映像装置は、コストの面でキネトスコープを圧倒し、すぐに主流になった。このとき、投影装置の暗さから、劇場は暗転され、私たちは身体への知覚を喪失した暗転空間の中でイメージに注視することで目とスクリーンの間の可視光通信を行うようになり、大画面や一つのコンテンツを共有する文化に至った。

私たちは、1965年のアイバン・サザランドによるヘッドマウントディスプレイ（HMD）の発明や、1985年のジャロン・ラニアーによる第一次VRブームを経て、2010年代になり、やっと視野角の広くコストの安いヴァーチャルリアリティを手にした。

1960年代の様々な取り組みが結実しようとしている時代だとも言える。現在のITスポーツの萌芽であったようなものも1966年に取り組まれているし、サイバネティックセレンディピティという展覧会（世界初のコンピュータ・アート展覧会）が1968年に存在していた。つまり、1960年代のマルチメディアは身体性とデータの関係性を問い直すものであったが、その暫定的実装としての2次元スクリーンを用いた技術がパーソナルコンピュータの普及とともに社会にインストールされていったのだ。

今、私たちはスマートフォンの普及により、HMDでもコストを安く作ることができるようになってきた。Oculusの持つ単レンズ光学系に見られるように、シンプルなレンズのみで、あとはソフトウェア的な画像変換によってVRを作り出すことができるようになったのだ。

このコロンブスの卵的発明はハコスコやグーグルカードボードに見られるように、今誰もが安い単レンズ光学系を用いたVR装置を購入することを可能にした。この装置は、今まであった貧者のヴァーチャルリアリティを更新しうる。一人一人が低コストで別の世界を目指すことができるようになるからだ。

ここで持ちうる大雑把な仮説としては、共同幻想を失った私たちは共同幻想が回帰しうる10万人程度の世界を7万個作り出し、70億人を分割することで暮らしていくのではないだろうかということだ。その中で私たちは現実に帰属する時間と、各々の現実に帰属する時間を住み分けながらうまくやっていくのではないだろうか。

そこで着目しうるのが、ユートピア的な思想である。トマス・モアの『ユートピア』が書かれたのはデカルト以前、1516年のことであるが、そこの世界に宗教観は存在していない。完結された世界があるだけだ。ユートピアは進歩が止まった世界として描かれることが多いが、メディアの発展なき世界も進歩のない世界と同義だから、おそらく個別のコミュニティはユートピア的に振る舞うのではないかと考えている。

楽観的シンギュラリティ：魔法の世紀へ

魔法というパラダイムは様々なところで誤解を生みながら伝わっているところが

ある。それは、科学技術とまじないの対比構造の中の魔術という意味ではなく、煌《きら》びやかで楽しそうなものという受け入れ方をされている節があるが、その言葉の印象自体は、僕は最近一周して気に入るようになった。

ブラックボックス化した科学技術社会は一見すると、コンピュータの奴隷のように人が振る舞うように見える。しかし、それを魔法と捉えるか奴隷と捉えるかによってできる印象の差はかなり違うのではないだろうか。

魔法の世紀とするか、奴隷の世紀とするか。今私たちに求められていることは、シンギュラリティへの恐怖を掻き立てることなく、人と機械の調和した、そして人間中心主義を超越した計算機自然の中で、新たな科学哲学を模索していくことである。

私たちは今、何が便利になるかという価値観だけで計算機の進歩を捉えることができなくなった。それは道具としてのコンピュータが環境になり、そして人と構造的にカップリングした調和的計算機環境に移行したからである。計算機の進歩はその独特の文化的構造ももたらすようになった。それは計算機が社会の中にテクノロジーを意識させない程度に浸透したプラットフォームを形成し、プラットフォームが越境されることによって発見される文化の更新性が一瞬のアートのように振る舞うからだ。

しかしながら、私たちはその度々発生する越境を楽しめる程度に計算機文化に成熟しつつある。単一のコンピュータシステムに支配されるような誤解を解き、機械と人との間で対局を持ち、観戦することもできるようになってきた。機械の振る舞いに人らしさを感じ、私たちはその感情によって自らの人間性を逆定義することも珍しくはない。日々目にするテクノロジー進歩はインターネットの新陳代謝だ。

共同幻想が脱構築された今、ビジョンはカリスマの手を離れ、個人個人が別のビジョンを持つことを求められている。今、私たちに必要なのは、信じるに足るパラダイムやフレームであり、各自の幸福論やビジョンを追求する、生き方を求められている。

これは不幸か？　いや、幸福が脱構築されただけなのだ、早くその先を、奴隷の世紀としてニヒリズムに浸《ひた》ることなく、魔法の世紀に胸躍る世界を見ていきたい。そのフレームを提示できればと考えている。

テクノロジー恐怖症とどう向き合うか

魔法の世紀に至るテクノロジーの議論の中に身を置いて繰り返すうちに、テクノフォビア（テクノロジー恐怖症）を生み出していくようなメディアのあり方に疑問を持つようになった。「ああ、やっぱりテクノロジーに適応した人類は今より悪くなっている」と言いたい気持ち、そういった感情をなぞることで頭の中だけテクノフォビアになる。

実際はどうだろうか、当人たちはＩＴ機器に囲まれたまま、フェイスブックやTwitterを通じて情報にアクセスし、テクノロジーによってもたらされるコミュニケーションやコミュニティのあり方を批判しつつもその恩恵に預かるというチグハグな状況が生まれる。そういった根拠のないテクノロジー悲観論は、日常をより悪くしていくだけだ。

２０１６年に、個人的に印象的だった出来事の一つにケヴィン・ケリー氏（元WIRED創刊編集長）との対談がある。ケリー氏の著作である『〈インターネット〉

の次に来るもの』（NHK出版）の日本語版の発刊に際したイベントで、訳者の服部桂さんのご好意で対談とパネルを組んでいただき、存分に対話することができた。僕の質問は一つ。「テクノフォビアとどうやって向き合うのか」ということだった。

著書の中で、ケリー氏はユートピアとディストピアとは違った未来に「プロトピア」という名前をつけている。プロトピアは技術革新を繰り返す流動性によって徐々によくなっていく世界観であり、自己組織化した画一的でない「まともなディストピア」の姿でもある。言うなればある種、楽観的なテクノロジー思考だ。しかしながら、その現象について避けられない性質であることを認めた上で、その性質について論じるスタイルの著書だった。

この話を聞いたときに、一定数存在するテクノフォビアとどうやって向き合うのかが一番大きな問題のように思えた。起こりうるディストピアやプロトピアより、その最大の障壁はテクノフォビアそれ自体であるように感じたからだ。閉塞《へいそく》したシステムではなく、システムの変化を憎むテクノロジー嫌いの権力のほうが恐ろしい。民主化を阻む権力は、より歪《いびつ》な格差を生み出す。

その質問についての対話の中で、テクノフォビアとは対話して向き合っていくしかないが、テクノフォビアも時代とテクノロジーへの適応の中で忘れ去られ淘汰されていく場合もあるという議論を交わしたのを覚えている。時代は戻らないから、人類の技術に対する適応という事柄について私たちはしっかり考えていかなければいけない。

２０１７年の私たちは、少なくとも悲観的なディストピアより、テクノロジーの流動性がもたらすプロトピアへ向かっていかなければならないのではないだろうか。

テクノロジーは進み続ける

私たちは核なき世界に向かっているわけではない。核ある世界に適応した結果、核のことを以前の人類より理解し、「核を学習したクリーンエネルギーの世界」に向かっている。テクノロジーと選択について議論するときよく原子力のことを例に出される。

原子力は失敗だったか？

クリーンエネルギーは核なき世界を実現するか？

人類の電力消費量は減少しておらず、核使用以前よりも効率的に「人類にとって都合のいい」エネルギー資源の活用法に移行しただけだ。時代は過ぎるだけであり、長期的には適応のみが残る。

発展したテクノロジーにとってその発展を忘れ去らせるための（科学でいう）オッカムの剃刀《かみそり》のようなものは存在しない。テクノロジーの歩んだ紆余曲折は実装上省略可能であっても、その歴史を後からショートカットすることはできない。生み出されたテクノロジーは発展したまま戻らないのだ。

魔法の世紀に生まれた「ポスト真実」

魔術化は、人が動かす社会システムにも大きな影響をもたらす。人はものの仕組みに無頓着になっていき、たとえば近年のＳＮＳに関する調査結果によれば人は真実よりもデマのほうを好んでシェアする傾向（アメリカ大統領選の際の BuzzFeed の調査結果）にあるし、ＳＮＳ上のコミュニティの中で一人一人が好んだ世界を好んだように生きている。

この貧者のVRにおいて、一人一人はそれが現実だと思って生きてはいるものの、タイムラインやコミュニティが見せる「現実」は、事実とはやや異なる偏った現実だ。SNSは社会やコミュニティによって生み出される、現実のもう一つのレイヤー、仮想現実として振る舞っている。しかも、そのスイッチを切ることは難しく、多くは無自覚的だ。

そういった貧者のVRは、2016年の社会に実際に大きな影響をもたらした。Brexitやトランプ旋風など、識者が世論から推測するだけでは容易に予想できない現象が垣間見られ、オックスフォード大学出版局は2016年の言葉として「Post-Truth（ポスト真実）」を選んだ。このポスト真実という言葉は、客観的な事実や真実が政治的な選択において重要視されないという意味である。ここに僕は21世紀の人間性を垣間見た感覚を覚えた。魔法の世紀だ。

このポスト真実、虚構と現実の混濁した時代では、人はSNSを通じて、貧者のVR＝「あってほしいそれっぽい現実」を生きている。僕のタイムラインでは、ローマ法王がドナルド・トランプの支持を表明したり（Snopes.com）、ビヨンセが募金して救った女の子が夢を追いかけて成長しヒラリー・クリントンになったりしていた（SIZZLE）。後者はなんとなく嘘だとわかるが、前者は嘘かどうか文面だけではわからない。

この「ポスト真実」について識者に語らせれば、見たいものだけをフィルタにかけ、真偽を問わず混ぜ合わせた世界における情報取得や政治への参加表明、そしてその姿勢全般について、「真実や正義が敗北し嘆かわしい、この世界はこうあるべきではない」と言わんばかりだ。それもまた真実と虚構の間に溶けてゆく意見と感情の一つにしかすぎない。今、この世界は「べき」では語れず「思う」としか言えない。

複数のコミュニティと価値観がある中で統一の感情とルールとゲームを作ることに意味があるのだろうか？

真実は正義なのだろうか？

そして虚構は悪なのだろうか？

僕はこの変化をフラットに受け入れたいと考えている。もちろん研究者である自分は真実を探求することに興味を持ち、科学的探求というゲームの中でアイディアを出し、実験をし、結果を見つめ、論文を書き、発表し、さらに探求を続けていくことが好きだ。

しかし、他者にとってみれば、それが真実であることに価値を持たない人々がいて、理解されないということもあるだろう。それを自分はどうあるべきだとは強制しないし、どう思われてもいいと考えている。自分は自分の感情の揺れ動き（エモさ）をベースにしてゲームを選択し、ゲームをルールに基づいて戦っているわけだが、他の人間には他のエモさとルールとゲームがあるだけの問題なのである。

たとえば科学コミュニティのように、一つのルールとゲームに則ったコミュニティの中で行うべきことは実践できる。しかしスポーツではどうだろうか？　サッカーと野球が対戦できないように、ルールが違うゲームの上でルールに対する「べき論」で語るよりは、経済や感情面での相乗効果を考えたほうがいいのではないだろうか。

コミュニティの内部ルールに立ち入ることも無用であるし、一つの流行や価値観を求めることはもうできない。今この世界にとって、多数決はそれぞれのコミュニティと少しずつ食い違った現実をもたらす手段だ。民主化と民主主義のギャップがそこで生まれつつあることに、私たちは少しずつ気づきはじめてきた。

今起こりつつある変化、真実ではなく意見の時代、それを一言で表すなら「人類の適応」と言えるだろう。

この変化をフラットに受け入れられるかどうかが、ポスト真実後の踏み絵になっている。この踏み絵はこの世界のいたるところで起こっていて、これを受け入れられない人々は発達したテクノロジーから感じる漫然とした異物感を「それによってコミュニケーションの問題が生じている」とくくりつける。しかし私たちはもはやこの変化に適応して生きていくしかないのだ。あるべきだった世界は存在せず、皆が見た正義も存在しない。真実と虚構のパワーバランスは等しくなった。いや、むしろ虚構のほうが強いかもしれない。

デジタルネイティブ以前の世代が、SNSやコミュニティ、インターネットの余波という文脈で現在の世界を語り、以前の世界にあったものを理想として追い求めていく限り、この拒否反応は続くだろう。

昨年見られたさまざまな政治的変化への驚き、これはテクノフォビア的な反応だ。テクノロジーで変化する前の私たちの習慣や規範や考え方によって、それ以後の人類を推し量ろうとするならば、それはテクノロジーとの間に摩擦を起こす。

幼年期の終わり

私たちはこの時代を歓迎するのでもなく、悲観するのでもなく、〝適応〟していくだろう。ただし、その適応にはコンピュータ時代の人間性を考えていく必要がある。『幼年期の終わり』（アーサー・C・クラーク）でも宗教解体の後に仏教だけは残っていたが、計算機以後の人間性はより仏教のような哲学体系に近い形で現れるのではないかと考えている。計算機以後の人間性では、「個人の個人らしさ」や「同一性」という問題は計算機進歩によって置き換わっていく。それゆえに、仏教でいう「空《くう》」の概念の上に自身を構築するか、もしくはそういった自身の構築自体も魔術化されたまま無頓着に生きていくかの二択しか残らないのではないだろうか。

今後、何年かの間で、私たちは近代以降、培ってきた古典的人間性と、計算機以後の人間性、社会と正義と市場と感情の間に新しい価値観や幸福感を樹立していかなければならないはずだ。産業革命以後に、機械への対比として培ってきた私たちの人間性は綻《ほころ》んでいく。なぜなら、機械ではないことを基準にした人間の定義は、人間によく似た能力を持った機械が現れたときに自壊する。多くの場合その拠り所は感情面に向かうが、人間が持っている感情のメカニズムが明らかになっていき、それを機械が判別できるにつれて、そこも聖域ではなくなっていく。私たちは今、機械と人間という対比の次のフェーズに進もうとしている。

次の対比は、「古典的人間らしさ」と「デジタルヒューマンらしさ」の対比だ。計算機ネットワークに親和性の高いデジタルヒューマンの集団と、その時代の変化に適応できず、もしくは何らかの信念によって古典的人間性を保とうとする集団との対立が生まれる。機械の対比として培った人間性が、機械と人間の融合によって自壊したのち、一つの身体の垣根を超えていくだろう。

アーサー・C・クラークの『幼年期の終わり』では進化した人類と旧人類のコミュニケーションは断絶してしまった。しかし、その間を「知能化したインターネット（機械）」と「インターネットによって生まれた新たな知能（人間）」がとりなすのではないかと僕は期待している。

２０１７年は、デジタルヒューマンとデジタルネイチャーへの契機が多く見られるだろう。私たちの話す言葉、身振り手振り、表情といったコミュニケーションにおける身体性はヴァーチャルリアリティの文脈の中でデジタル空間に多く存在するようになる。それは映像を用いたチャットシステムよりも、さらに身体性に近いものだ。

また、既存のデスクトップメタファーや手帳メタファーのコンピューティングから、拡張現実（ＡＲ）技術・ＶＲ技術によって環境型のコンピューティングメタファーが多く生まれるだろう。これは、私たちの触れうる世界を、物質とデータの如何にかかわらずコンピューティングの対象にしていき、物質だかヴァーチャルだかを気に留めない時代になりつつある変化の現れだ。

全人類が塔を建てていく

最後になるが、これから先の変化を考えるとき、古典的人間性とデジタル人間性の衝突は、創世記「バベルの塔」の話のようになるのではないかと考えている。

「全ての地は、同じ言葉と同じ言語を用いていた。東の方から移動した人々は、シンアルの地の平原に至り、そこに住みついた。そして、『さあ、煉瓦《れんが》を作ろう。火で焼こう』と言い合った。彼らは石の代わりに煉瓦を、漆喰《しっくい》の代わりにアスファルトを用いた。そして、言った、『さあ、我々の街と塔を作ろう。塔の先が天に届くほどの。あらゆる地に散って、消え去ることのないように、我々の為に名をあげよう』。主は、人の子らが作ろうとしていた街と塔とを見ようとしてお下りになり、そして仰せられた、『なるほど、彼らは一つの民で、同じ言葉を話している。この業は彼らの行いの始まりだが、おそらくこのこともやり遂げられないこともあるまい。それなら、我々は下って、彼らの言葉を乱してやろう。彼らが互いに相手の言葉を理解できなくなるように』。主はそこから全ての地に人を散らされたので。彼らは街づくりを取りやめた。その為に、この街はバベルと名付けられた。主がそこで、全地の言葉を乱し、そこから人を全地に散らされたからである」

「創世記」11章1－9節／フェデリコ・バルバロ「創世記」『聖書』講談社 24ペー

ジ　2007年第16刷（1980年第1刷）Wikipedia

今、デジタルヒューマンとして計算機親和性の高い人々や、ミレニアル世代は共通のプラットフォーム上で同じツールを使い、機械翻訳によって違う言葉を同じ意味レイヤーで語ることができ、今この世界に存在する問題を解決しようとする傾向がある。

しかしながら、そこで樹立されようとする高い塔に対して、その存在の恩恵を得られない人たちもいる。このギャップを、壁を作ったり、世界を分断したりして止めていってほしくない。ローカルの問題を再燃することによって、言葉が乱され、個別に分断されることのないことを願っている。

今、人類は壮大な子育てをしている。その子どもはインターネットの中に生まれ、画像を通じて目と絵を描くための指を持った。今、全地の言葉を理解し、身体性を獲得しようとしている。散らばった人を再び集め、元あった世界を望む人々を解体するための大きな塔を建てるだろう。

今を生きる私たちは、根拠のない不安が生み出す悲観的なディストピアより、テクノロジーの流動性がもたらすプロトピアの方向に向かっていかなければならないのではないだろうか。

それを目指す人の次の世代と次の知的システムに適応し、受け入れていくことができるように、社会が許容していくことを祈っている。

落合陽一（おちあい・よういち）

メディアアーティスト、博士（学際情報学／東京大学）
筑波大学助教・デジタルネイチャー研究室主宰
Pixie Dust Technologies .Inc CEO

VR コンソーシアム理事
一般社団法人未踏理事
電通 ISID メディアアルケミスト
博報堂プロダクツフェロー

1987年東京都生まれ。筑波大学でメディア芸術を学び、情報学群情報メディア創成学類を卒業。大学院ではヒューマンインターフェース工学およびコンピュータグラフィクスを専攻し、東京大学学際情報学府にて博士号を取得（学際情報学府初の早期修了者）。2015年より現職。

専門はCGH、HCI、VR、視覚聴覚触覚ディスプレイ、デジタルファブリケーション。映像を超えたマルチメディアの可能性に関心があり、映像と物質の垣根を再構築する表現を計算機物理場（計算機ホログラム）によって実現するなど、計算機時代の自然観としてデジタルネイチャーと呼ばれるビジョンに基づき研究に従事。

情報処理推進機構より天才プログラマー／スーパークリエータ認定に認定、経産省より Innovative Technologies3 年連続選出、総務省より異能 vation 認定。2015年米国 WTN より World Technology Award 2015、2016年 Ars Electronica より Prix Ars Electronica、EU より STARTS Prize を受賞、欧州最大の VR 賞である Laval Virtual Award を 2014 から 3 年連続で受賞。また、2016年末から、自身初となる大規模個展「Image and Matter: Cyber Arts towards Digital Nature」をマレーシア・クアラルンプールで開催。国内個展「Imago et Materia」(Axiom, 六本木)、グループ展「県北芸術祭」「Media Ambition Tokyo」などに参加。Sekai No Owari や Dom Perignon、Lexus、ONE OK ROCK、カナヘイ、Sword Art Online など、作家やアーティスト、ブランドとのコラボレーション作品の制作や演出も手掛ける。

著書に、『魔法の世紀』（PLANETS)、『これからの世界をつくる仲間たちへ』（小学館）がある。

超《ちょう》AI時代《じだい》の生存戦略《せいぞんせんりゃく》
〈2040年代〉シンギュラリティに備《そな》える34のリスト

2017年 3月25日 第1刷発行
2017年12月10日 第7刷発行

著者―――――― 落合陽一《おちあいよういち》
発行者―――――― 佐藤　靖
発行所―――――― 大和《だいわ》書房
東京都文京区関口1-33-4
電話　03-3203-4511

装丁―――――― 水戸部功
本文デザイン・図版―― 松好那名（matt's work）
本文印刷―――――― シナノ
カバー印刷―――― 歩プロセス
製本―――――― 小泉製本

ISBN978-4-479-79561-2

http://www.daiwashobo.co.jp